Rolf Friedrich Schuett

Mit einem Satz ins Freie

Reflexionen, Urteile und Sentenzen

Rolf Friedrich Schuett

Mit einem Satz ins Freie

Reflexionen, Urteile und Sentenzen

Books on Demand

Bibliographische Information Der Deutschen Bibliothek:
Die Deutsche Bibliothek verzeichnet diese Publikation in
der Deutschen Nationalbibliographie; detaillierte bibliographische Daten sind im Internet abrufbar über
http://dnb.ddb.de

Copyright © 2018 Rolf Friedrich Schuett

2. überarbeitete Auflage

Herstellung und Verlag :

BoD – Books on Demand, Norderstedt

Gedruckt auf alterungsbeständigem Papier
(holz- und säurefrei)

Umschlaggestaltung : E. L. Schmidt

Printed in Germany

ISBN 978-3-7412-0857-7

„Es ist wirklich unglaublich, wie nichtssagend und bedeutungsleer, von außen gesehen, und wie dumpf und besinnungslos, von innen empfunden, das Leben der allermeisten Menschen dahinfließt. Es ist ein mattes Sehnen und Quälen, ein träumerisches Taumeln durch die vier Lebensalter hindurch zum Tode, unter Begleitung einer Reihe trivialer Gedanken. Sie gleichen Uhrwerken, welche aufgezogen werden und gehen, ohne zu wissen, warum : und jedes Mal, dass ein Mensch gezeugt und geboren worden, ist die Uhr des Menschenlebens aufs Neue aufgezogen, um jetzt ihr schon zahllose Male abgespieltes Lehrstück zu wiederholen, Satz vor Satz und Takt vor Takt, mit unbedeutenden Variationen. – "

(Arthur Schopenhauer : „Die Welt als Wille und Vorstellung", 1. Band, 4. Buch, § 58)

für Elke

Die meisten verstehen alles außer der Logik
und gar nichts außer zu handeln.

Jemandem Glück wünschen heißt in unserer Welt,
anderen den Tod zu wünschen.

Im Spiegel, den du mir vorhältst,
sehe ich nur den Spiegel, den ich dir vorhalte.

Die Fähigkeiten, um mit Philosophie sein Geld
zu verdienen, sollten dafür schon disqualifizieren.

Leben heißt heute Glück, fremdem Unglück
beiwohnen zu dürfen, im Unglück,
fremdes Glück mitansehen zu müssen.

Gesellschaftlicher Fortschritt ist nur die Erklärung
der Übermenschenrechte.

Jeder besteht dogmatisch darauf, kein Dogmatiker
zu sein, aber der wahre Skeptiker zweifelt immer,
ob er einer ist.

Wer immer nur um sein Leben kämpfen muß,
träumt einmal von Luxusproblemen.
Vielleicht ist das schon sein einziges.

Ein einzelner Mensch ist schon eine Doppelbegabung.

Die einzige Moral liegt heute darin,
sie nie für sich zu reklamieren.

Man kann nicht handeln, um glücklich zu werden,
man muß schon so glücklich sein, handeln zu wollen.

Wer nicht nachdenken will,
kann sich ja immer noch „Vordenker" nennen.

Am meisten auf den Geist geht uns
an den Mitmenschen immer nur ihr Geist.

Die härtesten Überlebenswettkämpfe
führen Antidarwinisten.

Eine Problemlösung
ist oft nur ein Mangel an Problembewußtsein.

Ein Arzt, der so gut ist, daß sein Wartezimmer
überfüllt ist, wird so schlecht, keinem Patienten genug
Zeit widmen zu können. Der schlechteste Arzt ist oft
der beste, er hat für seine Patienten die meiste Zeit.

Wenn ich dir wehtun will, ärgere ich dich,
bis du mich schlägst. Deine Schuldgefühle werden
meine Schmerzgefühle übertreffen.

Angeln beruhigt — weder Fische noch Würmer.

Vernunft ist Zügelung des Egoismus aus Egoismus.

Entweder bist du stark genug,
dich schwach zeigen zu können, oder schwach genug,
dich stark zeigen zu müssen.

Auch Verfolger sind lediglich Mitläufer.

Nur Schwarzseher gelten heute als Hellseher.

Gegenwart ist, wenn Vergangenheit und Zukunft
auf einen Tag fallen.

Wer fühlt sich mehr wert,
wenn er sich als künftige Antiquität sieht?

Identitätsfindung ersetzt keine Charakterbildung.

Weltverbesserung ist das Alibi der Rücksichtslosen
und Rücksicht (oder der Lenz) das Alibi der Faulenzer.

Für wen jede Sache mehr als 200 Seiten hat,
der ist noch kein Schriftsteller.

Utopisch ist die Sehnsucht nach einer Zeit,
die nostalgische Sehnsucht nach unserer Zeit haben
und unseren Ramsch als teure Antiquitäten handeln wird.

Toleranz 2000 : Leben und das Leben lassen.

Wer seine Erkenntnis einschränkt, hat noch nicht
seine Beschränktheit erkannt. Die meisten Menschen
haben gar nicht den bloßen Verstand, den sie verachten.

Wer einer Versuchung widersteht,
sollte die Schwäche seiner Leidenschaften beklagen,
bevor er die Stärke seiner Tugend bewundern läßt.

Wer genau wüßte, wovon die Rede ist,
müßte gar nicht davon reden.

Intellektuelle sind Leute, die Leute dazu überreden,
sich von keinen Leuten zu nichts überreden zu lassen.

Niemand hängt ab von niemandem,
aber jeder von der Unabhängigkeit von jedem.

Liebe ist heute, wenn man trotzdem geboren wird.

Soll Evas Ja nicht immer nur ein geheimes Nein sein,
darf ihr Nein nicht immer ein geheimes Ja sein, Adam.

Früher warb Adam um Eva mit Luxus,
für den er heute erst mit Eva Werbung treiben muss.

Menschenfresser vergiften ihre Opfer nicht.

Auch der Fischer klebt an seiner Scholle.

Wem die Erdkugel schon zu klein ist,
dem ist jeder Kopf schon zu groß.

Das Volk weiß von allem viel zu wenig,
um darüber Unsinn reden zu können.

Was ans Licht kommt, kommt nicht ans Ruder.

Nationalisten spielen mit verdeckten Landkarten
und schlucken Euroleptika.

Wir haben umso weniger Zeit, je älter wir werden:
wir leben länger und haben doch niemals Zeit.

Das Zeitalter der abtreibenden Aufklärung
hat aufgeräumt mit „Ew. Wohlgeboren".

Mach dich zum Otto Normalverbraucher
und mich zum Helden, dann bist du
vor einem Durchschnittsbürger kein Feigling.

Das Mindeste, was man tun kann (muß),
ist das Höchste, das man tun muß (kann).

Wo einer nicht herrschen kann,
fühlt er sich auch schon verfolgt.

Warum ist es von 2 zu 3 die Hälfte mehr,
von 3 zu 2 aber ein Drittel weniger?

Heiden halten das Souterrain des Weltgebäudes
schon für die Hölle, Christen aber die Unterwelt
erst für den Keller.

Auch nächtliche Alpträume sind ein Erwachen
aus schönen Lebensträumen.

Selbst in Gesellschaft sein darf man heute nicht mehr
allein, und sogar einsam sein darf jeder nur noch
gem-einsam.

Wer sich nicht selbst hilft, sucht Selbsthilfegruppen.

Undurchsichtig bist du nur in dem Augenblick,
wo du alles durchschaust.

Taschen-Kosmologie. Ich weiß wirklich nicht, ob wir
alle einen Ur-Knall haben, aber das Halbweltall dehnt
sich immer weiter aus.

Dichter und Denker wollen sich einschreiben ins Buch
der Geschichtslosigkeit.

„Liebe deine Feinde". Als müßte jeder erst dazu ermahnt werden, sich selbst zu lieben.

Alle Moden dienen dazu, das Feigenblatt zu verhüllen.

Das befriedigendste Friedenssymbol ist der Taube.

Ja, ja, ja, ich sage ja schon Nein!

Wer im Kampf der Geister nachgibt, kann der Klügere sein. Theoretisch handelt er : Er denkt praktisch.

Reisen?   Mal andere Masken sehen.

Untadeliger Lebenswandel?   Rückgratwanderung.

Ist es nicht gerecht, daß es im Leben nicht ganz gerecht zugeht? Zu viele Leute würden sonst ganz leer ausgehen.

Gesellschaft heißt : Jeder tut so, als spielte er nur, seine Rolle zu spielen.

Versuche, in dein Leben die Ordnung zu bringen, die Leben in deine Ordnung bringt und umgekehrt.

Männer sind so viel wert wie das Nein der Frauen.

Männer sind eitel — auf die Eitelkeit ihrer Frauen.

Der Film ist die Kunst unserer Zeit : Nur er kann
Atomexplosionen auch rückwärts ablaufen lassen.

Anzeige : Suche Gruppentherapie gegen meine Angst,
allein zu sein.

Die Dummheit ist an der Macht,
weil die Ohnmacht so klug ist.

Ich habe ein Auge auf dich geworfen.
Aber erst die Liebe auf den zweiten Blick macht blind.

Nicht jeder ist Idealist,
der sein Äußeres durch sein Inneres verbirgt.

Das einfache Leben ist einfach viel zu kompliziert.

Manchem sind schon tiefe Gedanken viel zu hoch.

Immer dasselbe : schon wieder was Neues.
Endlich mal was Neues : alles bleibt beim Alten.

Frei bist du erst, wenn niemand sich erlauben darf,
dir etwas zu erlauben.

Zwischen Adam und Eva stehen nur noch Wände. Einst ging es mit der Kopflosigkeit durch alle Vorwände.

Realisten haben alle Brücken vor sich abgebrochen.

Der Mensch stammt vom Affen ab, doch es heißt auch: „Du sollst Vater und Mutter verlassen."

Aus nichts wird nichts, aus euch auch nicht.

Vernunft nennen wir den Stolz auf alles,
was uns einfach nur schwerfällt.

Gegen die eigenen Abwehrwaffen ist jeder wehrlos.

Feine Aggression :
Du bist mir nicht einmal einen Wutanfall wert.

Wäre das Gewissen nicht die Stimme des Egoismus,
wären wir von unseren bösen Trieben längst ruiniert.

Auch ich denke nach — anderen.

Man will an einem Ziel ankommen wie bei einer Frau.

Ein Schweiß macht noch keinen Sommer.

Geschichte ist alles,
was so (die Zensur unbeanstandet) passiert.

Von sexueller Befriedigung ist nur freigegeben,
was friedlich macht.

Wenn der Mensch wirklich vom Affen abstammte,
hätte er es weitergebracht als nur bis zum Arbeitstier.

Auch Künstler sind Realisten:
Sie bleiben auf dem fliegenden Teppich.

Wer aus seinem Herzen keine Mördergrube macht,
hat aus seiner Mördergrube sicher ein Herz gemacht.

Das beste Wundpflaster für einen Menschen
sind die Wunden seines Nächsten.

Liebe ist, wenn ich dich in mein Herz geschlossen
habe, das ich an dich verloren habe.

Steht dem Raucher das Wasser bis zum Hals, greift er
nach dem Zigarettungsring, und 'Selbstgedrehte' sind
in Krisen die besten Fassungsschützer.

Wer die Qual haben will, hat die Wahl, aber wer
die Wahl hat, hat noch lange nicht die Qualität.

Für die meisten ist Freiheit heute so etwas
wie eine Ersatzbefriedigung für Bindungen.

Was ist Individualität? —
Die wirksamste Massenvernichtungswaffe.

Ärzte können sagen, was sie wollen,
aber es gibt zu wenige Kreislaufstörer.

Nur Herzlose bekommen Herzinfarkt.

Dem Löwen versetzt nur der Esel einen Tritt.

Wer sich keine Grube gräbt, fällt in die der anderen.

Ich halte den Konkurrenzkampf nicht mehr aus.
Ich werde Weltmeister.

Jeder will nur noch er selbst sein. Welche Verarmung!

Ob du geliebt wirst oder verfolgt,
immer ist einer hinter dir her.

Dem Riesen hängen die Trauben zu tief.

Moral hält uns das Böse vor (die Nase).

Der wahre Außenseiter macht weder mit
noch beim allgemeinen Nichtmitmachen.

Wer nicht denken kann, muß wenigstens handeln.

Die häufigste aller Illusionen
ist die Flucht in die Realität.

Die Welt ist zu klein für weniger Menschen.

Schädel? — Denkanstoßdämpfer.

Wer gar keine eigene oder nur seine eigene Meinung
kennt, ist verrückt.

Jeder schneidet sich in den Finger,
um den er das andere Geschlecht wickelt.

Eine verliebte Frau läuft vor dem Mann weg,
wohin er will.

Bleib ständig auf deinem Standpunkt stehen,
damit er nicht zu sehen ist.

Überlegen nur der,
der sich Unterlegenheit leisten kann.

Wer eine Niederlage lächelnd einstecken kann,
muß vorher mindestens zweimal gesiegt haben.

Hast du Zeit, sie mit Arbeit totzuschlagen?

Du scheißt auf alles und wunderst dich,
daß alles immer beschissener wird.

Kunst besteht darin, keine merken zu lassen.
Banausentum auch.

Am „Zeitgeist" stimmt aber auch gar nichts.
Er ist immer zeitlos und geistlos.

Die Welt läßt sich verändern,
wenn sie nur ihr Gesicht wahren kann.

Ruhe vor denen, die nach Ruhe schreien!!!

Fortschritt : Das Einschreiten gegen sie
ist meist die Ausschreitung selbst.

Touristen glauben, daß da auf der Welt noch irgendwo
etwas zu erholen sei.

Wer andere ausnimmt oder sich ausnehmen läßt,
ist gerade keine Ausnahme.

Die einzigen, die sich nie ändern zu müssen glauben,
sind die Weltveränderer.

Die schlimmsten Neurotiker liegen nicht auf Freuds
Couch : Am meisten leiden wir unter denen,
die weder unter uns noch unter sich selbst leiden.

Welche Jugend ist endlich mal jung genug geworden,
nicht nur ihre eigene Zukunft zu kritisieren?

Wir lieben unsere Feinde.
Hassen wir unsere Freunde etwa nicht?

Ob die Werke besser werden, wenn die Musen
den Künstlern nur noch Drogen eingeben?

Tu Gutes, als hinge alles von dir ab,
und bete, als hinge von dir gar nichts ab.

Wer Menschen verletzt, hat es nicht geschafft,
ihre Ideen zu widerlegen.

Ökologie. Einige bedauern, wie bei Beckett
die Welt zur Mülltonne wird. Andere staunen,
wieviel Leben in dieser Mülltonne steckt.

Sogar die richtige Theorie der Individualität
sollte ganz individuell sein.

Politik heißt, philosophische Fragen durch ständige Realisierung abzuwehren.

Ein Hund zieht Leine — oder die Leine den Hund.

Das Alter besteht nur darin,
daß andere jung oder tot sind.

Wer offen und aufgeschlossen für alles ist,
zerstört nur seinen Immunschutz.

Wir tun etwas gern, wenn wir es für richtig halten,
aber häufiger noch halten wir es für richtig,
weil wir es zufällig gern tun.

Reiche werden erst ärmer, wenn Arme aufhören,
reicher werden zu wollen.

Was ist der Unterschied zwischen *Aussteigern* und Proleten? Die einen wollen ein einfaches Leben führen, die anderen müssen.

Wer nichts glaubt, muß deshalb nicht alles wissen.

Der Geist ist der Kerker des Leibes? Aber die Zelle war doch immer offen! Der Körper ist der Kerker des Geistes? Aber die Zelle ist doch leer!

Muß man hinter die Dinge sehen,
um über ihnen zu stehen, oder umgekehrt?

Die Frommen werden erst dann aussterben, wenn die
Welt so sein wird, daß sie wirklich etwas versäumen.

Religion ist der Glaube, daß jeder mehr vor sich hat
als die Zukunft.

Der Optimist ist zu feige, um zu verzweifeln.

Woher kann der Selbsterhaltungstrieb
heute nur ein Selbst erhalten?

Aufopferung ist die einzige Möglichkeit
der Talentlosen, sich auszuzeichnen.

Askese ist der Irrtum, daß der Tod die Strafe ist
für ein Leben in Saus und Braus.

Heute haben wir Angst vor dem Tod,
weil wir *vor* dem Leben sterben müssen.

Krankheit ist die Gesundheit der Viren
und Mitmenschen in uns.

Milieu ist ungespeichertes Erbgut.

Was einen Sinn hat, erfüllt nur seine Funktion
als Werkzeug für andere(s).

Ein Revolutionär ist ein Mensch, der einen Konservativen ein Jahrhundert vor dessen Geburt geachtet hätte.

Fata Morgana des Voyeurs. Schönheit ist jenes Gute
und Wahre, das unserer Bequemlichkeit schmeichelt,
weil wir es nicht erst durchdenken und realisieren
müssen, sondern gleich hören und sehen
und mit Händen greifen können.

Stoizismus ist die Empfehlung, Schmerzunempfindlichkeit durch Genußunfähigkeit zu erkaufen.

Ein Arbeiter ist der Mensch, der sich einer Maschine
bedient, die sich des Menschen bedient,
der sie bedient, um andere Menschen zu bedienen.

Der freie Wille wird geleugnet,
um uns die beschämende Entdeckung zu ersparen,
daß gar nichts zu wählen da ist.

Wer zurück zur Natur will, will zurück auf die Bäume, wenn es nur nicht der Baum der Erkenntnis ist.

Es werden Dinge schmutzig, wenn ein Mensch
sich reinigt, aber kein Ding wird sau-berer,
wenn ein Mensch verdreckt.

Ein Künstler wird reaktionär, wenn er den Tod
der Schönheit als Schönheit des Todes verkauft.

Daran erkennt der Sterbende, wohin es geht:
Das letzte Hemd hat Brieftaschen.

Wahrnehmungen geben nur die Wahrheit
von Wahrgebern wieder.

Blut, Schweiß und Tränen : International anerkanntes
Desperanto.

Reiche müssen sich amüsieren,
obwohl sie amusisch sind, die Armen.

Bestsellerautoren lesen ihren Lesern die Bücher
von den Augen ab.

Um ein Klassiker zu werden, genügt es
für einen Autor nicht, ungelesen zu sein.

Wirklich Gebildete leihen sich Bücher und geben
Bücher zurück, die sie dagegen geschrieben haben.

Warum es so wenige gute Aphorismen gibt?
Nur die schlechten halten, was die guten versprechen:
uns zu ärgern.

Ein Aphorismus ist gut, wenn weniger wehtut, getroffen zu sein, als ihn nicht selber gefunden zu haben.

Ein Schriftsteller ist ein Künstler, der aus dem Aphorismus, auf den er nicht kommt, ein Buch macht.

Aphorismen sind Gedankensplitter
im Kopf von Bürgerkriegsverletzten.

Laß dich selbst durch Feindesliebe
nicht zu Tätlichkeiten hinreißen!

Wer die Gesellschaft haßt oder fürchtet,
sollte nicht ledig oder kinderlos bleiben.

Militärs sind Leute, denen die gebratenen Friedenstauben aus dem Mund fliegen.

Natürlich ist am Menschen nur die Mordlust,
un(ter)natürlich nur die Religion.

Wer sich umbringt, hat wenigstens *einen* Menschen hinter sich.

Der Mensch, eine Erfindung der Anthropologen, ist von Natur aus bestimmt nicht einmal darauf festgelegt, sich auf nichts Bestimmtes festzulegen.

Mancher nimmt sich nur das Leben —
seines Nächsten.

Nicht nur die sollst du nicht töten,
die sich schon selbst umbringen.

Die häufigste Todesursache ist noch immer die Geburt.

Der Mensch ist das Wesen, dessen Grenzen Mittel
der Selbstentfaltung sind, und umgekehrt.

Die Natur macht keine Sprünge, ja, aber wer keine
großen Sprünge machen kann, wirkt noch lange nicht
besonders natürlich.

Normen sind Forderungen, deren Unerfüllbarkeit
so schuldbewußt machen soll, daß ihre Erfüllung
einen Vorwand für ihre Erhöhung bietet.

Wer hinter die Dinge schaut, sieht ihr Wesen.
Heute sieht man die Dinge selbst erst,
wenn man hinter ihr Unwesen schaut.

Deine Laster wären Tugenden ohne diese Genugtuung,
deinem Gewissen spielend widerstehen zu können.

Nur im Verbrecherstaat gibt es keine Kriminalität.

Selbsterkenntnis verschafft immerhin
das gute Gewissen, auch anderen anzutun,
was man sich selber vorwirft.

Feuerbachthese: Wer die Welt nicht verschieden interpretieren kann, hat sie deshalb noch nicht verändert.

Je kranker einer ist, desto boshafter gegen andere
wäre er gewesen, wenn er gesund geblieben wäre.

Nur Gott könnte die Naturgesetze so abändern,
daß du nie geboren wurdest.

Gesunder Menschenverstand
ist die dichterische Freiheit nüchterner Menschen.

Definieren heißt leugnen, wieviel Prozent von jedem
in allem und von allem in jedem steckt.

Verzweifeln heißt hoffen, daß es keinen Ausweg gab,
als noch Zeit war.

Einst war die gesuchte Einheit von Theorie und Praxis
wenigstens noch eine schöne Theorie oder Theologie.

Eine Institution ist das Denkmal für eine Befriedigung,
der das Bedürfnis nicht mehr anzusehen ist.

Nur deine Mittelmäßigkeit ist deine Zweckmäßigkeit.

Links am Arbeiter sind nur noch seine zwei Hände.

Vernunft ist Ergebnis ganz zwangloser Einigung
von Vernehmern und Vernommenen.

Ein Geschlecht beherrscht das andere dadurch,
daß es sich von ihm beherrschen läßt.

Das Selbstbewußtsein der Herren bestimmt
das Unterbewußtsein der Knechte.

Gewissensbisse? Der tollwütige Köter
ist auf der Stelle zu erschießen!

Was die vier Jahreszeiten toleriert,
kann trotzdem eine Einheitspartei sein.

Gewerkschaftsfunktionäre sind oft Leute,
die nur am 1. Mai arbeiten.

Die Welt ist noch so schlecht, daß nur schlechte
Menschen gute Kunst und gute Menschen nur
schlechte Kunst machen.

Monogamie ist nur noch die Sexklusivität der Armen.

Für Phantasie bin ich nicht Realist genug,
für Realismus habe ich nicht genug Phantasie, und
wenn Materialisten die Wahrheit über Ideale sagen,
sagen nur Idealisten die Wahrheit übers Materielle.

Unsere kühnsten Träume würden nur noch übertroffen
von der Realisierung der feigsten.

Utopie : Proletarier aller Länder, einigt euch
auf den vierundzwanzigstündigen Geistesarbeitstag!

Atomphysiker sind Leute, die von Mikroskopen träumen, die sie erst durch Mikroskope suchen müßten.

Im Kapitalismus ist jedermann an die Entfesselung
der Produktivkräfte gefesselt.

Zwingen wir uns denn mehr dazu, Simmel zu lesen,
als Schiller nicht zu lesen?

Für Mörder wäre es Strafe genug,
mögliche Opfer als Sklaven halten zu müssen.

Wir träumen, daß wir uns ständig in den Arm
kneifen, ob wir nicht bloß träumen.

Auf Freuds Couch beichtet jeder die Sünden,
die er nicht zu begehen wagt.

Hast du wenigstens ebenso viel mehr, als du verdienst,
wie du weniger hast, als du willst?

Demokratie heißt : Keiner ist klug genug, sich nicht
zu irren, und keiner so dumm, sich nur zu irren.

Ein zivilisierter Rassist ist ein Mensch,
der Rassisten nicht riechen kann.

Logik der Liebe. Ich bin du. Du bist ich.
Also bin ich doch ich selbst.

Der Kannibalismus ist tot,
wir können Ausländer nicht mehr riechen.

Menschen lassen sich auch danach einteilen,
ob sie morgens zur Arbeit gehen, weil sie Hunger
oder weil sie Depressionen haben.

Alt ist, wer das Älterwerden mehr haßt als die Jugend.

Sie leben weniger nach als von ihrer Lehre : Der
Wahrheitsgehalt einer Philosophie ist umgekehrt
proportional zum Jahresgehalt des Philosophen.

Früher mußten wir zusehen, weil wir nicht mitmachen
durften. Heute sollen wir überall mitmachen,
damit wir nicht sehen wobei.

Wenn der Mensch wenigstens ein *Imperpetuum
immobile* wäre — klagen Mobilmacher.

Deine Lebenskraft vermehrt sich um alle,
die du überlebst, und vermindert sich um alle,
die dich überleben könnten.

Wahre Pressefreiheit heute ist die Freiheit,
die Wahrheit nicht zu drucken.

Über Weltverbesserer wird gelacht,
warum nicht über Umweltverbesserer?

Zensur?   Gedankenflugsicherheitsdienst.

Für Materialisten steckt hinter allem
Außerordentlichen nur extra Ordinäres.

Ein Irrer ist ein Mensch,
der vor Fluchtgedanken in Gedankenflucht flieht.

Der Baum der Erkenntnis im Paradies
hängt voller Menschen.

Mancher fühlt sich nur jung weil unverstanden.

Böse Menschen hoffen auf Sterblichkeit.

Mancher wird um sein Glück beneidet,
ist aber nur glücklich, weil er beneidet wird.

Die Grund-Lage des Lebens ist die Niederlage,
sagen Versager (sagen Sieger).

Ein Schriftsteller ist ein Unterdrückter, der schon
zufrieden ist, wenn seine Unzufriedenheit mit der Unterdrückung in der Welt immer wieder gedruckt wird.

Die meisten waren vor der Geburt bei ihren Eltern unbeliebter, als sie nach ihrem Tod bei ihren Kindern sind.

Mancher ist so lange aufrichtig,
bis ihm Lügen endlich geglaubt werden.

Zweihundert geschlossene Augen
übersehen mehr als zwei offene.

Hinter den Venusbergen wohnen auch Leute bei.

Neue Thesen bekehren gut.

Die Menschheit ist nie schlechter als die besten
Menschen und nie besser als die größten Unmenschen
ihrer Zeit.

Wer nicht sehen will, muß schon gesehen haben.

Mancher gibt etwas nur zu um nicht auf.

Moderne Fromme und Ungläubige
befördern ihre Kritiker nur noch ins Abseits.

Die Welt wird gewiß nicht besser,
solange das Gewissen nicht schlechter wird.

Unterhaltungskunst ist die Kunst,
sich dabei angeregt zu unterhalten.

Fortschritt vom Egoismus zum Sozialen?
Rückschritt vom Individuum zum Kollektiv.

Was Hans von Grete nicht kriegt, das sucht er im Krieg,
in den sie nur den schickt, von dem sie nichts kriegt.

Unser Bestes geben wir nur unter Zwang und freiwillig
nur das Allernötigste.

Wie viele Menschen müssen sterben,
weil sie nicht genug getötet haben!

Das Rätsel, wie lösbare Rätsel erfunden werden,
ist ungelöst.

Der Beständige ist schon ein Toter,
sagt der Unzuverlässige.

Mancher überspielt seine Selbstsicherheit
durch konformistische Selbstzweifel.

Wer sich für den Nabel der Welt hält,
ist oft nur noch nicht abgenabelt.

Jeder freie Mensch stammt ab von seinen Zielen
und plant seine Herkunft.

Auch Irrationalisten denken,
aber viel zu hoch von ihren tiefen Gefühlen.

Das moderne Bett wurde für beide Geschlechter
zum feindlichen Lager.

Für die Demokratie spricht, daß ein Volk
es darin schlechter hat als unter guten Tyrannen.

Literaturwissenschaftler reden über Leute,
die mit ihnen reden.

Wem abstrakte Gedanken zu hoch sind,
dem sind konkrete Ideen auch zu tief oder zu niedrig.

Kein Arbeiter kann Bücher so verachten
wie ein Intellektueller.

Der schärfste Zensor jedes Künstlers ist sein Gedanke
an andere Künstler.

Eine blaue Blume an unseren Ketten
macht noch keine Religion.

Man hat seine schlechten Gründe, Gutes zu tun,
wie seine guten Gründe, Schlechtes zu tun.

Wer ein Vorbild hat, wird ein Vorbild.

Daß der Begriff „Fortschritt" keinen Fortschritt macht,
ist schon einer.

Wer sich erhöht, will erniedrigt werden,
um noch weiter erhöht zu werden.

Wer wirklich will, daß irgendetwas geglaubt werde,
sage just das Gegenteil und lasse durchblicken, daß
es gelogen ist. Um den Preis, als Lügner dazustehen,
wird ihm geglaubt — auch wenn es wahr ist.

Es ist nicht jeder ein Intellektueller,
der sich aus seiner Materie herauskniet.

Überlegen bist du nur dem,
den du seine Überlegenheit zeigen läßt.

Gott ist tot? Du sollst nicht töten.

Taktgefühl ist die Taktik, mich übers Ohr zu hauen,
ohne mir zu nahe zu treten.

Um Sokrates zu werden, genügt es nicht,
seine Frau zur Xanthippe zu machen.

Nur in der Liebe ist der Baum der Erkenntnis
der Baum des Lebens.

Gute Bilder sind keine Anhänger von Wänden.

Die einen sorgen für den Unterhalt,
die anderen für die Unterhaltung darüber.

Wer weiß, was ich bin, der will nur,
daß ich nicht werde, was ich will.

Nichts geschieht mehr, seit jeder jedem
nur noch beim Zuschauen zuschaut.

Das gefährlichste Grenzschutzschild:
„Austritt für Fremde verboten!"

Dein Niveau sollte etwas höher sein
als der Stapel ungelesener Bücher unter deinen Füßen.

Ein Tier wird nach seinem Entdecker benannt
und ein Entdeckter nach Tieren.

Wer nicht zur Salzsäule erstarrt ist, kann sich
in der Welt nicht genug umgesehen haben.

Jeder wird durch Schaden, den er zufügt, klug genug,
sich schadlos zu halten.

Wer über seinen Schatten springen will, muß nur von
morgens bis abends ruhig in der Sonne stehen bleiben.

Wer dir Sand in die Augen streut,
hat ihn noch nicht ins Getriebe geworfen.

Die Zivilisation ist der Weg von der Rauflust
über die Tauflust zur Kauflust.

Mancher fährt den unsichtbaren Panzer, den er trägt.

Mord war immer die größte aller Wutopien
und Blutopien.

Gott macht uns Todesangst, also die Welt erträglicher.

Wer heute sein Leben erzählen will,
muß die Biographie seiner Autos schreiben.

Vielleicht würde mancher den Fernseher ausschalten,
sähe er nicht, daß er dann auch nicht klüger wäre.

Fast gesund ist der Menschenverstand,
der den Widerstand seines Gegenstandes,
verstanden zu werden, versteht und dennoch bricht.

Wer vermeidet Fehler, indem er Fehler macht
bei der Art, wie er sie macht?

Jeder Erkenntnistheoretiker hat den Grundsatz:
Zur Sache, Wort- und Antwortschätzchen!

Wer träumt, greift Freund und Feind
im Schutze der Dunkelheit an.

Die Internationale der Sklavenhalter
erkämpfte sich ihr Recht auf Menschen.

Wer seine geistige Nahrung mit niemandem teilen
will, beschränkt seine Moral darauf,
anderen die Bäuche vollzuschlagen.

Sieg der Vernunft? Vernunft der Sieger (über sie).

Diät halten heißt, sich für den Verzicht auf Völlerei
zu belohnen mit einer kleinen Tafel Schokolade.

Die Anziehungskraft der Geschlechter beruht darauf,
daß die Mutter des Mannes und der Vater der Frau
gut zueinander passen.

Ein Chauvinist ist ein Mann, der die Frauenquote
nicht nur unter Managern und Politikern erhöhen will,
sondern auch und gerade unter Frauen.

Moderne Ethik fordert unmoralische Mittel zur
Schaffung einer Welt, in der ethische Forderungen
endlich überflüssig wären.

Früher wurde von Moral geredet,
um nicht vom Fressen reden zu müssen.
Heute ist es umgekehrt; das ist der Fortschritt.

Vor allem sollen immer die überlebt werden,
die zu leben verstehen.

Das Christentum wäre nicht halb so unbeliebt, wenn
Hirten sich gern führen ließen von einem Lamm.

Optimisten machen jedes „Schwarze Loch"
am Himmel zu ihrem guten Stern.

Ein Künstler ist ein Mensch,
der erst nach seinem Tode sterblich wird.

Ein Romantiker ist doch auch nur ein Mensch,
der sich unter Scheinwerfern und Röntgenstrahlen
nach dem finstersten Mittelalter sehnt.

Früher fragte der Mensch noch,
was ihm der Mitmensch verbirgt. Heute fragt er sich
nicht einmal, was er sich selbst verbirgt.

Ein guter Mensch muß wollen,
daß seine Kinder gegen ihn schlechter werden.

Wir wüßten, was wir tun, wenn wir von der jüngsten
Vergangenheit nur halb so viel wüßten
wie von der fernsten Zukunft.

Jeder ist verurteilt zum Tode durch denselben Strang,
an dem alle ziehen.

Dies sind zwei falsche Sätze:
Dies ist ein Satz. Dies ist kein Satz.

Das Papier für moderne Bücher stammt
vom Baumsterben der Erkenntnis.

Selbstkritik ist die Eitelkeit der Autobiographen.

Ein Kapitalist ist ein Mensch, der sich selbständig
macht, um nicht alles ständig selbst zu machen.

Neue Utopien sind nur Träume
vom Verwirklichen uralter Träume.

Immer wird zu wenig gelesen. In Diktaturen,
weil es zu wenige Bücher gibt, in Demokratien,
weil es zu viele gibt.

FKK. Naturfreunde sind Menschen,
die ihr Feigenblatt mit Nacktheit bedecken.

Wessen Phantasie reicht aus,
sich in phantasielose Menschen hineinzuversetzen?

Gerecht sind nur die Strafen,
die den Strafenden abschrecken.

Philosophen sind immer überflüssig:
Entweder sind sie deiner Ansicht oder nicht.

Eine Frau kreißt nicht nur um sich selbst.

Unterhaltung heißt,
mal auf andere Gedankenlosigkeiten zu kommen.

Selbsterkenntnis, schön, aber woran erkenne ich,
ob ich mich erkannt habe?

„Bewußtseinserweiterung"?
Nun paßt noch mehr Gerümpel hinein.

Wenn Schweine einen Grund suchen, sich guten Gewissens im Dreck zu suhlen, entdecken sie den Kampf gegen die Kopflastigkeit des modernen Daseins.

Die nackte Wahrheit würde mehr geliebt,
wenn sich mit ihr schlafen ließe.

Demokratisiert die Kunst!
(Dann kann es niemand mehr besser als ich.)

Vergoldete Regel: Was du nicht willst, daß man dir tu,
das wünscht sich vielleicht dein Nächster von dir.

Jeder weiß, ob er körperlich
und ob andere geistig behindert sind.

z.B. das Buch der Natur. Viele kennen Bücher
nicht einmal mehr aus Büchern.

Rechtsstaat heißt : Jeder Lebenslauf ist auf so viele
Menschen gerichtet, wie auf jeden Menschen
Lebensläufe gerichtet sind.

Liebe deinen Nächsten in seinen Stärken
nicht weniger als in seinen Schwächen.

Welche Verzweiflungsart hat nicht ihre Religion?

Philosophie beruht auf dem Fehlschluss,
daß Reiche mit der Armut mehr anfangen könnten
als Arme mit dem Reichtum.

Liebe ist Egoismus in seiner liebenswertesten Form,
weil Egoismus Liebe ist in ihrer unbeliebtesten Form.

Aller Anhang macht schwerfällig?

Wer nicht trauerarbeitet, soll auch nicht verg-essen.

Wer einen Kopf hat oder keinen,
der fordert auch deinen.

Die Augen schließen heißt nicht, die Nacht zu sehen.
Mach die Augen auf und verschließ sie
vor innerer Leere.

Sünder beißen in den Gewissenswurm
und hängen an der Angel der Menschenfischer.

Schützt den Wald, wenigstens vor der Bücherindustrie!

Der moderne Mensch verkauft ein Linsengericht
für sein Wiedergeburtsrecht.

Der Größenwahnsinnige hält den Zweifel
am Sinn des Lebens für Selbstzweifel.

Wer auf fremde Schwächen stolz ist,
muß sich eigener Vorzüge nicht schämen.

Nur Aphoristiker lesen gern schlechte Aphorismen.
Sie studieren Konkurrenten.

Denker *now* : Graue Zellen entwickeln graue Theorien
des grauen Alltags.

Aus Verzweiflung über zu wenig Verstand
hat sich noch niemand umgebracht.

Mir sagt ja keiner, wovon man nicht spricht!

Jeder Mensch beißt einmal ins Gras,
das über seine Sache wächst.

Im Hause der Henkerin spricht man
auch nicht vom Stricken.

Ein Mensch ist besoffen, das Maß aller Dinge ist voll.

Wer viel Selbstbewußtsein hat,
hat wenig Selbsterkenntnis, und umgekehrt.

Der Schwache ist keine Fata Morgana,
weil er vor dem Mächtigen dauernd zurückweicht.

Überall nur Nützlichkeitsdenken!
Warum dann nie den Kopf benutzen?

Westliche Freiheit?
Ungenutzte Überbaugenehmigung.

Ein Naturalist ist ein Mensch,
der seine Lampe anzündet, bis sie verbrennt.

„Erkenne dich selbst", sagt Eva zu Adam heute
und haut ab.

Wer schlecht ausdrückt, daß die Welt schlecht ist,
hat sie nicht verbessert.

Dialektik heißt ja, daß die Vereinigung von Feuer
und Wasser uns Dampf macht.

Gegen männliche Gänsehaut, sagen Eheberater,
hilft jede dumme Gans.

Treib die Natur mit der Mistgabel aus, sie kehrt
zurück. Aber nicht als Natur, sondern als Mist.

Der Mensch überlebt es nicht, nur zu überleben.

Gott, Natur und Mensch sind tot –
außer in den Köpfen ihrer Todfeinde.

Mancher ist so stolz, sich vorzuwerfen,
daß er wie andere stolz ist auf seine Zivilcourage
und Bescheidenheit.

Alles, was uns nur schwerfällt, ist deshalb noch nicht
christlich oder vernünftig.

1 = 1 : Das stimmt – manchen nur traurig.

Natürlich sind wir Atheisten. Vor Gott wären Herren
und Knechte ja gleich.

Immer ist es bis zum Jüngsten Tag noch so lange hin,
wie es her ist seit Christi Geburt.

Ist dieses Leben die vorgezogene Höllenstrafe für die
verbotenen himmlischen Genüsse nach dem Tode?

Jeder stützt nur seine Stützen.

Am Tod fürchten wir nicht, daß er unser gutes Leben
beenden wird, sondern unser ewiges Hoffen darauf.

Durchschnittlichkeit ist die einzige Schnittwunde, die
nur denjenigen schmerzt, der nicht durchschnittlich ist
– sagen die Mittelmäßigen.

Mancher will Marionette sein, damit sein Leben
wenigstens an mehreren seidenen Fäden hängt.

Tagebüchernarren sind chronistisch Kranke.

Nicht einmal verklemmte Leute nehmen heute
ihre Unschuld gern auf sich.

Was zeigt und gibt uns ein Künstler?   Es.

Optimistisch stimmt mich nichts als der Pessimismus
anderer und umgekehrt.

Es ist das Brett vorm Kopf,
das den Kopf über Wasser hält.

Ein schlechtes Gewissen
ist die beste Ruhekissenschlacht.

Jeder hält viel zu viel von sich selbst (fern).

Kultur besteht neuerdings aus dem Stolz,
vor lauter Natürlichkeit gar keine nötig zu haben.

Wer den HErrn fürchtet, fürchtet nicht die Herren –
fürchten die Herren.

Psychotherapeuten leihen uns ihr Ohr
zu Wucherpreisen, um uns zu dem zu überreden,
was wir sowieso wollen.

Definition der Psychoanalyse:
homo est animal rationalisans.

Seine Todfeinde halten den Deutschen
für ein wildes germanimal nationale.

Wer andere vom Geist ausschließt,
hat sich selbst vom Geist ausgeschlossen.

Im Kopf hat der Mensch eine ganze Welt,
in der sein Kopf nur ein Knochen ist.

Eine Diktatur löst alle Probleme
eines einzigen Menschen.

Religion ist der Hunger des vollen Magens
und das Rätsel aller Lösungen.

Gesetze dienen oft nur dem Schutz der Gesetzgeber
vor den Gesetznehmern.

Handeln ist Denken, daß Hände denken.

Die Kultur ist noch lange nicht untergegangen.
In Comic-Heften kommen noch Sprechblasen
an die Oberfläche.

Wir Stereotheisten glauben an Gott und die Welt,
und glauben jedem außer dem Herrgott,
wir Monoatheisten.

Erst mit der Höflichkeit
verschwand der letzte Rest an Feudalismus.

Asche zu Asche, Staub zu Staub. Nur nicht aufwirbeln.

Heute trauen wir uns schon mal, den Mund
aufzumachen. Unser Geschrei ist ein lautes Gähnen.

Moderne Kunst?   Unart.

Außenseiter sehen die Gesellschaft
eben nur von innen.

Wahre Liebe verzeiht sogar Eigenliebe.

Wenn jede Frage die Antwort auf eine Antwort ist,
dann ist jede Antwort die Nachfrage
nach einer Nachfrage oder Verantwortung.

Jugendliche fühlen sich von Erwachsenen
nur aufgezogen.

Intellektuelle klären nur noch darüber auf,
warum keine Aufklärung mehr möglich ist.

Vom sozialistischen Paradies gab es immer nur
die Schlange vorm Obstladen.

Erst opfere ich mich, weil ich dich liebe, dann liebe
ich dich, weil ich mich aufopfere, und am Ende hasse
ich den, der das Opfer nicht wert war.

Wer nur ein halbes Gewissen hat,
zeiht den Moralisten der Doppelmoral.

Oppositionelle glauben häufig, es genüge, schlechte
Menschen zu werden, um die Welt zu verbessern.

Jeder Mensch ist ein verkanntes Genie.
Nur leider kaum in seinen Werken.

Jeder hofft, besser zu sein als seine Biographie
und schlechter als seine Autobiographie.

Niemand nimmt den Glauben an,
weil ihm ein verdienter Erfolg zuteil wurde.

Erst sah man das Pfaffengewäsch in Theologien
und nun schon in jeder reinen Theorie.

Das große Ganze trennt Menschen so,
wie der kleine Unterschied sie verbindet.

Nationalist ist ein Untertan, der sich eher verbündet
mit inländischen Obertanen als mit ausländischen
Untertanen.

In Demokratien ist Widerstand nur möglich,
solange er noch fast unnötig ist.

Man muß schlimm träumen dürfen, um nicht schlimm
handeln zu müssen, und mancher tut am Tage Böses,
um nachts nicht böse träumen zu müssen.

Was du nicht ohne Beweise glaubst,
bezweifelst du auch trotz der Beweise.

Auch eine Paranoia : Alle verfolgen deine Interessen.

Unterhaltungsmusik ist das melodische Kettenklirren
von Lebenslänglichen.

Auch die Reichen sitzen nicht alle im selben O-Boot.

Todesangst lenkt auch nur ab von der Lebensangst u. u.

In dubio pro:
Im Falle der Gewißheit gegen den Angeklagten.

Warum gibt es Stimmungen und Gefühle,
aber keine Verstände und Vernünfte?

Wo kein Immerwährendes mehr schockt,
langweilt die ewige Wiederkehr von Neuem.

Man muß das Eisen kühlen,
das andere nicht schmieden sollen.

Ein guter Philosoph hängt seinen Gedanken nach
jeder Windstille und ist ein Mensch,
der sich nicht nur seinen Teil denkt.

Der kleine Unterschied liegt heute darin,
am Busen der Natur zu liegen oder zu grapschen.

Der Sozialist ist ein Mensch, der sich verfolgt fühlt
durch die eigenen Interessen, die jeder Mensch
im Kapitalismus verfolgen darf.

Genesis 4,1. Nach dem Apfelessen war Eva für Adam
kaum wiederzuerkennen.

Erst suchten wir das Brandneue in der Reformation.
Dann in der Revolution. Später in Reformen
und Resolutionen. Heute im Reformhaus.

Unter Reichen gibt es Geistreiche und Königreiche,
unter den Armen nur Oberarme und Unterarme.

Der Arme hat wenigstens noch sich selbst,
der Irre nicht einmal das.

Vor allem stellt das Kapital etwas auf die Beine,
die ihm gestellt werden.

Unsere Wirtschaft schmiedet dauernd Pläne
zur Befreiung des Marktes, und damit der Markt
nicht gesättigt ist, dürfen wir nicht satt werden.

Das einzige Statussymbol des Genies ist Verkanntheit.

Reicht dein Reichtum immer noch nicht,
dir Armut leisten zu können?

Man merkt an einem Kinde die Absicht
der Eltern und ist verstimmt.

Auch wache Intellektuelle sind gefesselt
an ihre Bewacher : Mit Kopfschellen.

Kategorischer Imperativ : Was du nicht willst,
das man dir tu, das verrate niemandem,
indem du es ihm zufügst.

Wer Askese verfolgt, haßt die Wollust.

Das Beglückendste am Glück
ist sein Mangel an Trivialität.

Der wirkliche Intellektuelle verwirklicht seine Ideen,
er handelt — mit ihnen.

Deutsche, sagen ihre Feinde,
brauchen schon für ihr Sein einen Waffenschein.

Die Papiere guter Kriminalautoren sind in Ordnung.

Schickte Gott seinen Sohn auf die Erde, weil unsere
Sünden von Seiner Höhe aus zu klein aussehen?

Beuge dich über deinen Bewußtseinsstrom
und du fällst auf dich herein.

Nur Geschichtsfälscher machen sie.

Aufklärung heißt, daß die Kirchen unsere Sinne
beglücken und Atheisten unserem Unglück
einen Sinn geben wollen.

Die Familie eines Arztes bleibt nicht gesund, weil er
sie behandelt, sondern damit er sie nicht behandelt.

Um Praktiker zu sein, genügt es nicht,
keine theoretische Begabung zu haben.

Die Welt ist nicht so schlecht, daß sie besser,
und nicht so gut, daß sie schlechter wird.

Menschen pflanzen sich zurück
durch geschlechtliche Vereinigung zu Massen.

Früher hoffte ich auf den größeren Realismus
der Pessimisten, heute bin ich da pessimistischer.

Ein Künstler ist derjenige, dem die Erfüllung seiner
Wünsche zur Ersatzbefriedigung für den gelungenen
Ausdruck ihrer Frustration wird.

Philosophen gelten schon als dunkel, weil sie uns
klar machen, warum uns eigentlich klar ist,
daß $1+1=2$ ist.

Liebe dich selbst wie dein Nächster.

Wir verdrängen den Tod, solange wir,
um nicht zu verzweifeln, den Wunsch
nach dem richtigen Leben verdrängen müssen.

Neu an den meisten Entdeckungen
sind nur die Entdecker.

Alles absurd?   Nur Naive sehen überall nichts
als sinnlosen Zufall.

Manchen zieht es in die große weite Welt hinaus,
als ginge es in den Mutterleib zurück.
Aber auch umgekehrt.

Die Menschen bleiben genau die Kinder,
die sie nicht wollen : Du hast ein Kind
oder bist ein Kind oder das Kind deines Kindes.

Ich tu dir das Gute, dich Gutes an mir tun zu lassen.
Nun will ich wenigstens Dank dafür,
daß ich dafür keinen Dank will.

In der Ferne sind heute nur noch Bildschirme zu sehen.

Geht es gut? —   Ja, verkauft sich gut.

Ewigkeit ist erst einmal die Zeit,
die wir auf sie warten müssen.

Eine Sache, die vergehen kann und zu be-greifen ist,
hat Hand und Fuß.

Der Lauscher an der Wand hört nicht das Gras
über seine Sache wachsen.

Die Frau von heute nimmt sich aus Liebe zu Männern
keinen oder aus Haß auf Männer einen
nach dem anderen (sagen sie, sagt sie).

Es gibt einen Selbsterhaltungstrieb,
weil keinen Selbsterkenntnistrieb.

'Familienplaner' sind Menschen,
die nur dem Tod anderer einen Sinn geben.

Krieg ist besser als nichts.
Nichts ist besser als Frieden. Also ist Krieg besser
als der faule Arbeitsfriede der Diktaturen.

Wenn wenigstens kein Holzkopf hinterm Brett ist,
das die Welt bedeutet!

Aber am Streit über Geschmäcker
kann man unstreitig Geschmack gewinnen.

Gewerkschaft?   Arbeitstierschutzverein.

Besser bösartig allein als in guter Gesellschaft,
und wer sich zurückziehen will,
muß meist gar nicht viel ziehen.

Alle Menschen sind gleich?   Immer die gleichen.

Der Kopf ist auch nur ein Teil der Natur — ihre Natur.

Niemand sieht die ganze Welt vor sich.
Der größte Teil liegt hinter den Augen.

Vorschulerziehung lenkt auch nur ab
von der pränatalen Vorvorschulerziehung.

Der Menschengeist ist ein Gespenst
oder Fleisch von Gottes Fleischlosigkeit.

Das Gewissen ist das, was in uns über uns
und uns doch nicht über ist.

Pflicht zur Wahrheit ist Diktatur,
Demokratie ist Recht auf eigenen Blödsinn.

Das Sein bestimme das Bewußtsein — dazu,
das Sein nicht nur mitzubestimmen.

Das Geld liegt auf der Straße. Der Arme auch.

Daß das Bewußtsein das Sein bestimmt, ist für
Idealisten eine Realität und für Materialisten ein Ideal.

Um unsterblich zu werden, genügt es nicht,
über die eigene Leiche zu gehen.

Auch Utopisten können jede Gegenwart genießen,
aber nur als Gegenstand künftiger Nostalgien.

Pillen führen heute Kinder hinters Licht der Welt.

Wer nicht richtig lebt, lebt von der Vorfreude
auf das dumme Gesicht, das der Tod vor leerem Safe
machen wird.

Geh ganz befangen an die Dinge heran. Sonst kriegst
du erst gar nichts zu sehen, wovon du deine Vorurteile
nachträglich wieder abziehen kannst.

Freud dachte hoch von den Menschen:
Sie halten ihre Versprecher.

Mancher Melancholiker leidet am Größenwahn,
der minderwertigste Mensch der Welt zu sein.

Wir sind doch keine Selbstmörder!
Wir morden doch nicht selbst.

Danke dem Selbstmörder : Dich hat er gemeint
und den Spieß nur umgedreht.

Inzwischen essen wir Tiere schon,
um sie töten zu können.

Um Gottes willen, mach dich aus dem Staub,
aus dem Er dich gemacht hat.

Mancher hält sich schon deshalb für besser, weil er
Mutter Theresa mehr bewundert als Josef Stalin.

Ist es nicht etwas leichter,
sich vor seinem Gewissen schuldig
als vor seinem Ideal minderwertig zu fühlen?

Für welche Wesen (außer uns) könnte diese Welt wohl
das Jenseits sein?

Mancher Stolz will aufrichten
und manche Demut demütigen.

Nur eins ist noch schlimmer als Krieg,
und das ist seine Unterdrückung durch Tyrannen.

Der Ofen wärmt dich, damit du ihn heizt.

Mitbestimmung heißt, daß die Insassen ihr Gefängnis
und ihre Irrenanstalt selbst verwalten.

Wenn Philosophen regieren,
kann Gewalt sich rechtfertigen.

Wenn der Arbeiter schon kein reicher Produktions-
mittelbesitzer ist, sollte er wenigstens kinderreicher
Reproduktionsmittelbesitzer sein.

Für Realisten ist die Welt im Arsch,
für Idealisten im Unaussprechlichen.

Seit Freud wissen wir, was die Wirklichkeit
von den Idealen trennt : die Inzestschranke.

Widersprich erst, wenn du dafür gelobt wirst,
dich unwidersprochen tadeln zu lassen.

Nach Kant holen wir aus der Welt nicht mehr heraus,
als wir zuvor in sie hineingesteckt haben :
Die Idealisten waren keine Unternehmer.

Der Zufriedengestellte ist der wahre Impotente.
Er kann noch nicht gleich wieder.

Des Gedankens Blässe
ist eine vor Angst und Schrecken.

Der Stolz, auf keinen Schwindel hereinzufallen,
muß dafür entschädigen,
daß es keine absolute Wahrheit mehr gibt.

Proletarier aller Länder, (arbeiterbildungs)vereinzelt
und zerstreut euch, bevor die Volksfeinde
und -freunde aller Länder sich einigen!

Konservative wollen nur die herrschende Mobilität
erhalten, und Revolutionäre nennen rasche Veränderungen, die sie nur schwindlig machen, Schwindel.

Logisch gelogen? Ideen sind besser als nichts.
Nichts ist besser als die Realität.
Also sind Ideen besser als Realität.

Triviale unterscheidet sich von jeder hohen Literatur
dadurch, daß die eine schlecht erzählt, um überhaupt
zu erzählen, und die andere gar nicht (er)zählt,
um nicht schlecht zu erzählen.

Das meiste, was sich heute 'selbstverwirklicht',
hätte besser die Möglichkeit realisiert,
bloße Möglichkeit zu bleiben.

Wer noch überlegen muß, ist schon unterlegen.

Daran hat keine 'Sexwelle' etwas geändert:
Liebe ist Ende der Unschuld.

Ob der dich schon liebt, der dich nicht schlägt,
weil er Schmerzensschreie nicht erträgt?

Mathematik ist die Wissenschaft,
die Menschen berechnet, ohne mit ihnen zu rechnen,
und sie zählt, um nicht auf sie zu zählen.

Der Mensch war die Krone der Schöpfung, bevor die
Monarchie abgeschafft war, und ist nun jenes Wesen,
das sich seine Vernunftbegabung selbst nicht glaubt.

Praxis : intellektuelles Reizwort zur Verunglimpfung
intellektueller Tätigkeit durch Intellektuelle.

Der Baum der Erkenntnis wächst so wenig in den
Himmel, daß er meist nicht mal aus der Erde kommt.

Gnade geht vor Recht,
aber nach dem Strafvollzugskostendämpfungsgesetz.

Demut ist die Anmaßung,
allen Schicksalsschlägen zuvorzukommen.

Fortschritt ist das Ziel allen Undsofortschreitens.

Glauben wir zu wollen, weil wir nicht dürfen?
Dürfen wir nicht, was wir wollen oder um nicht
zu merken, daß wir gar nicht können?

Moralisch handeln nur noch Philosophen, die über Meta-Ethik diskutieren, aber interdisziplinäre Expertenkommissionen ersetzen keine Allgemeinbildung.

Ein Dichter wird dadurch zum Äußersten getrieben, daß man ihn zum Innersten treibt – und umgekehrt.

Ein Mörder ist ein Mensch, der es nicht ertragen konnte, daß er toter sein soll als andere.

Glücklich sind nur die, die kein Bedürfnis haben — nach mehr, als sie ohnehin dürfen.

Weil die Hölle nicht auf einmal zu verarbeiten ist, gibt es Geschichte : den Teufel auf Raten.

Empirismus ist die Theorie, daß Theorien nicht genügen und alles aus der Sinneserfahrung stammt — außer der Theorie, *daß* alles aus ihr stammt.

Christentum auf Deutsch:
Liebe deine Ausländerfeinde!

Was müssen das nur für Verbote sein, für deren Respektierung wir durch das Vergnügen entschädigt werden, Sexualtabus ungestraft übertreten zu dürfen?

Die Industrie ist eine Welt voller Mietmenschlichkeit.

In der Jugend ist jeder des anderen Traum,
der ihn hindert, sich in der Realität zu verlieren.
Erwachsen wird jeder für jeden die Realität,
die ihn hindert, sich in seinen Träumen zu verlieren.

Wer wird denn jedes Totschweigen gleich auf die
Goldwaage legen? Schriftsteller können die Welt
nicht weiter bewegen als die Herzen von Lesern.

Wer sich entfalten will, muß sich erst einwickeln
lassen, und niemand hat so viel Verstand zu verlieren,
daß dafür die Lebenszeit nicht ausreichte.

Dem Weltuntergang können wir heute vielleicht
noch entkommen, nicht aber der Überschwemmung
mit Büchern und Fernsehsendungen darüber.

Ein Autor träumt von Lesern, die davon träumen,
dieser Autor zu sein.

Laotse oder Wu-wei. Wer nichts tut durch Handeln,
hat noch nichts bewirkt durch Nichtstun und *Tunix.*

Ernährung. Abgebrühte Menschen sind die rohesten,
und verdorbene halten sich überall am längsten.

Unsere Identität entsteht durch Vergleich der Helden-
taten, die Jugendliche vollbringen wollten, mit denen,
die sie als Greise vollbracht haben wollen.

Wenn ich nichts tue, hängt alles von mir ab;
wer etwas tut, hängt von allem und allen ab.

Die Literatur des 20. Jahrhunderts
war ein Schreibmaschinentasten nach Mitmenschen.

Wer nichts zu sagen und freie Hand hat,
sich unter Druck gut ausdrückt und mit den Federn
schreibt, die er läßt, gilt als Schriftsteller.

In der Geschichte geschieht nichts,
nur im Himmel und in Gedanken.

Haben wir alle das Gleiche im Kopf,
weil nicht in der Tasche?

Wer sich bezahlen läßt für das, was ihn interessiert,
ist nicht weit davon entfernt, sich für etwas
zu interessieren, weil er dafür bezahlt wird.

Das Sein und die Seinen gibt der HErr jedem
im Beischlaf, das Seine nimmt er uns im Alptraum.

Futurologen beschäftigen sich nur noch
mit der Zukunft der Futurologie und prophezeien,
was übermorgen vorhergesagt werden wird.

Erkenne dich selbst wie deinen Nächsten; das reicht.

Kann man sie nicht von ihren Leiden erlösen,
erlöst man sich von den Leidenden.

Früher hatten Kunstwerke die Muse zur Mutter,
nach Freud die Mutter zur Muse.

Eine Liebe zu denen, die uns nichts für sie tun lassen,
kommt christlicher Feindesliebe schon verdammt nahe

Liebe zum Magen geht durch die Köchin
und Lieblosigkeit durchs Magengeschwür.

Wer nichts sehen kann, hat noch nicht Gott gesehen.

Der Mensch hat weniger Instinkt
als das Tier Intelligenz.

Hätten wir den Atomkrieg doch schon hinter uns
und könnten mit dem einfachen Leben in freier Natur
endlich anfangen!

Gegen den Positivismus spricht, daß jemand,
der sich nicht selbst widerspricht,
damit noch nicht seinen Herren widersprochen hat.

Sport und Kunst ist Wettkampf,
um Unerreichbarkeit zu erreichen.

Auf dem Mond und hinterm Mond ist jedem das Herz
nur noch ein Sechstel so schwer.

Auch du kannst fliegen.
Reiß nur deinen Schnabel recht weit auf.

Ich bin der Meinung, nicht jeder habe das Recht,
seine Meinung frei zu äußern,
er habe eine ganz andere Meinung als alle anderen.

Und die Sache mit dem Licht der Vernunft?
Geht gut aus.

Hosen tragen keine.

Adam läuft (vor) Eva weg, indem er hinter ihr her ist.
Sie ist hinter ihm her, indem sie (vor) ihm wegrennt.

Seit Eros überall ist, wo niemand ihn vermutet, ist er
nur nicht mehr dort, wo jeder ihn vermutet, Freud.

Der Künstler erfüllt seinen Kunden den Wunsch,
daß seine Wünsche unerfüllt bleiben.

Das wahre Übel ist das Übliche,
bei dem niemandem mehr übel wird.

Wie revolutionär einer wirklich ist,
läßt sich in seinem Leben messen an der Zahl
der Sprichwörter, die er außer Kraft setzt.

Pessimisten rechnen immer mit dem Schlimmsten —
aus Rechthaberei.

Wer anderen nicht mehr ins Gesicht sehen kann,
hat sein eigenes verloren.

Einer mit einem engen Horizont will die Welt
oft nur anschauen aus der Schlüssellochperspektive.

Wir versetzen uns gern in andere Menschen hinein.
Schließlich sehen wir uns gern mal von außen.

Früher verloren wir unseren Kopf noch aus Liebe,
heute aus Ökopax-Feminismus.

Gott schütze uns vor Schutzengeln,
die uns nicht davor schützen, Engel zu werden.

Auch Reaktionäre sind Rebellen, sie fügen sich nicht
— ins Abänderliche.

Einigkeit gegen den Feind? Ja, gegen jeden Einzelnen.
Er bestehe aus allen Vereinen, denen er nicht beitritt.

Ausländer, haut ab, ehe es zu spät ist!
Wollt ihr wirklich wie die Deutschen werden?

Massen- und Frauenbewegung?
Ja, Massen und Frauen werden unentwegt bewegt.

Für den Individualismus spricht ja nicht nur,
daß auf einen einzigen Knopf nicht tausend
Menschen gleichzeitig drücken können.

Alle Aufklärung ist sexuelle Aufklärung darüber,
wie Untermenschen gemacht und in die Unterwelt
gesetzt werden, um das Licht der Welt
und der Vernunft nicht zu erblicken.

Mancher ist wirklich so krank, daß er sich nur
einbildet, nichts als ein eingebildeter Kranker zu sein.

Die Gesellschaft schützt sich vor jedem Einzelnen
durch seine Rüstung.

Chlorophyll wurde das alternative Opium
der Volksfeinde.

Gutgeerdete Geistesblitzableiter. Moderne Naturfreunde sind so 'alternativ', daß sie wohl bald nur
noch gegen den elektrischen Strom schwimmen.

Der Realist ist einer, der zu seinen Halluzinationen
immer gleich die passenden Deshalluzinationen hat.

Freud träumte nicht von Weltveränderungen,
veränderte aber unsere weltlichsten Träume.

Bosheit wird erst im Jenseits, die Dummheit schon
im Diesseits abgebüßt. Atheisten wollen nur ungestraft
böse und Fromme ungestraft dumm sein dürfen.

Liebe macht blind —
vor allem für die Blindheit des anderen.

Rote Liebe zwischen Linken
ist Vergesellschaftung der Reproduktionsmittel.

Feminismus macht Männer nicht impotent.
Er gibt ihrer Impotenz nur ein Alibi.

Heute gehörte das Feigenblatt vor den Kopf
und ein Brett vor den Bauch.

Für Idealisten sind Träume eine Flucht
in die Wirklichkeit, für Realisten ist die Wirklichkeit
eine Flucht vor Wunsch- und Alpträumen zugleich.

Panem et Circenses?
Künstler wollen Brot für ihre Spiele.

Nur wenige suchen aus Mangel an Eitelkeit
so eitel zu erscheinen wie andere.

Versteck dich einfach hinter dem,
vor dem du dich verstecken willst.

Wer zu gut formuliert, sagen die Wahrsager,
lügt schon beim Lügen.

Philosophie :
Hintergedanken sind der Hinterwelt Lohn.

Kunstinterpreten fassen wie Kinder hinter die Spiegel.

Was nützt dir die Einsamkeit, wenn niemand
sich ärgert, daß du nicht nach ihm fragst?

Mir ist nur zu helfen durch jemanden,
dem ich behilflich sein kann, mir dabei zu helfen,
daß ich ihm helfe.

Wieviel Lärm und Bewegung doch nötig sind,
damit endlich Ruhe ist!

Vorsichtige sind rücksichtslos, aber Rücksicht
ist die respektabelste Form von Vorsicht,
die nicht vor Vorsehung schützt.

Die Menschen sind verschieden
(aber erst dienstgraduell) : anders oder tot.

Warum soll ich meinen Nächsten lieben?
Er liebt sich doch schon selbst.

Was nicht wird, kann ja schon (gewesen) sein.

Einst wähnten wir, etwas für andere zu tun,
das wir im Grunde für uns selber taten.
Heute glauben wir, für uns selbst zu tun,
was wir in Wirklichkeit für unsere Herren tun.

Erfolg verdirbt den Charakter,
daran will ich bei dir nicht mitschuldig werden.

Jeder möchte noch so viele Jahre leben, wie er von
seinem Alter noch nicht richtig gelebt zu haben glaubt.

Nach dem Tode lebt auch der moderne Mensch
wieder in der Grabsteinzeit.

Demokratien erlauben Revolutionäre,
doch Revolutionen keine Demokraten.

Gefördert wird nur die permanente Revolutionierung
der Konservierungsmethoden.

Liebe deinen Nächsten, bis er dein Feind ist, und
liebe deine Feinde — damit sie vor Haß zerspringen.

Was ein Mann ist, also wer bestimmen darf,
was eine Frau ist, bestimmt noch immer die Frau.

Wahre Eifersucht ist noch beunruhigter über die Treue
des Geliebten.

Sex und Yoga, TV und Sport, Reisen und Basteln —
wie viele Wege es doch gibt, an Künsten und Wissen-
schaften glücklich vorbeizukommen!

Der Starke wagt, den Schwachen so wenig im Geiste
anzugreifen wie der Schwache den Starken in Wirklichkeit.

Ein Snob ist gelangweilt durch Leute, die er unterhält,
und läßt sich unterhalten, durch Leute, die er langweilt.

Der kleine Unterschied zwischen Literatur und Leben
sollte etwas kleiner sein als der zwischen Schweine-
und Papierschnitzel(jagd).

Wer nur gegen seine wahren Interessen handelt,
ist noch kein Christ.

Laßt nicht nur das Dorf in der Kirche!

Einst wird der Mensch abstammen
vom Arbeitstier und Stimmvieh.

Zu viele Eheleute lieben über ihre Verhältnisse
mit anderen Partnern.

Der Mensch hat wenigstens Phantasie genug,
sich phantasiebegabte Wesen auszudenken.

Optimisten sind Pessimisten,
die die Zukunft des Pessimismus eher trübe sehen.

Ein Bürger ist ein Mensch, der lieber die Bekannt-
schaft der eigenen Klasse in anderen Ländern sucht
als die der anderen Klassen im eigenen Lande.

Im Wein liegt die hundertprozentige Wahrheit
der Winzer und Säufer.

Wir behandeln einander so, wie wir die Natur
behandeln, statt sie so zu behandeln,
wie wir einander behandeln sollten.

Freiheit war früher eine Abweichung von sturer Folge-
richtigkeit, ja, aber wer früher konsequent war, zog nur
auf inkonsequente Weise seine Inkonsequenzen.

Familienplanung : Kostenvoranschläge auf das Leben.

Wer handelt, weiß noch lange nicht, was er tut,
aber wer nachdenkt, weiß recht gut, was er nicht tut.

Im Psycho-Zeitalter träumt niemand mehr davon,
der Traum seines Geliebten zu sein,
sondern sein Traumdeuter.

Keiner ist so revolutionär, daß er schon jetzt die Zeit
herbeiwünscht, wo die Entdeckung revolutionär sein
wird, wieviel Gutes von heute vergessen wurde
über dem Besseren von morgen.

Alle gleich : jeder anders
(und anders anders als jeder andere).

Feministinnen gelten als Damen ohne Unterleib,
die ihre Zauberkünstler verklagen.

FKK ist Abwehrstoff, und AIDS ist Abwehrschwäche
gegen gefährliche Erregungen.

Die Weltbevölkerung explodiert vor Wut aufeinander.

Anschlag eines Tones auf das Leben?
Hitler hielt den Baum der Erkenntnis für eine Eiche.

Proletarier aller Länder, einigt euch erst einmal,
(jeder ein einzelner) Proletarier zu sein!

Am Anfang war die Antwort, ohne Frage. Am Anfang
war das Wort für die Tat und die Sache genommen.
Am Anfang war das Wort. Das Wort war „Fleisch".

Nichts ist belebender als Todesangst.
Sie stört nichts als die Friedhofsruhe.

Mitleid beleidigt jeden Masochisten, als solle ihm das
Leiden verleidet werden. Er quält am liebsten Sadisten,
die ihm das Vergnügen mißgönnen.

Nicht alles, was aus der Ernsthaft befreit, ist Humor.

Gott schuf alles aus dem Nichts, sein Ebenbild schafft
aus nichts etwas. ER schuf die Welt in sechs Tagen
Arbeit, und uns schafft die Arbeitswelt in fünf Tagen.

Die Gegenwart ist der Augenblick, wo du feststellst,
daß das, was eben noch nicht war,
auch schon nicht mehr ist.

Wer so eine Ader für Goldaderlaß hat, ist noch kein Arzt.

Nicht jede optische Enttäuschung ist Wahrheit.

Mein Wort will keine Leser verletzen,
sondern nur ihr dickes Fell zeigen.

Einige wehren sich gegen den Himmel auf Erden
dadurch, daß sie auf Manna, Ambrosia und Nektar
eine Importsteuer erheben.

Mancher hält sein Gewissen für eine Gewissenlosigkeit
anderer gegen ihn.

Weiße Westen verbergen nackte Wahrheiten.

Gott kann alles, auch gar nichts.

Christen lassen Jesus büßen,
daß er all ihre Schuld auf sich nahm.

Ursprünglich war die Unendlichkeit gewiß etwas,
um die Beschränktheit von Menschen und Verhältnissen
in gewissen Grenzen zu halten.

Der Kopf enthält nichts Übersinnliches,
weil er oberhalb der Gürtellinie sitzt.

Wer Wald- und Wiesenansichten
von Wald und Wiesen hat, gilt als Naturschützer.

Das buchstabenlose Buch der Natur ist ein Katalog
aller ungeschriebenen Bücher.

Nicht jeder kann von Rom an einem Tag erbaut werden.

Wer A sagt, braucht einen Zeugen,
daß er nicht B gesagt hat

Die Natur beherrscht uns durch unsere Illusion,
sie zu beherrschen, doch wir beherrschen sie nicht
durch ihre Illusion, uns zu beherrschen.

Pfarrern beichten wir freiwillige Laster,
Psychologen unfreiwillige Tugenden.

Mit Statistik kann man sogar beweisen,
was man mit ihr nicht beweisen kann.

Nieder mit dem Patriarchat!
Offenbar hat es das Volk der Bibel überlebt.

Ich sage dir die Wahrheit nicht ins Gesicht,
wenn ich dir in die Larve lüge, und Wahrsager sagen dir
wohl die Wahrheit, aber nur ins zweite Gesicht.

Bildungsreisen sind die Gedankenflüge der Dummköpfe.

Wer seine Triebe nicht ins Bewußtsein verdrängt,
muß kein freier Mensch sein.

Ein Philosoph darf sich nicht durchsetzen. Er muß
den Kopf über der eigenen Verwässerung halten.

Don Quichote war der erste Gegner von Atomkraft-
gegnern. Er kämpfte schon gegen Windmühlen.

Individuen bilden ein großes Ganzes,
das noch ungebildeter ist als sie.

Niemand redet schlecht von sich.
Er muß Heidenangst haben vor sich.

Viele Schriftsteller schreiben
für der Welt größten Buchladen : Schubladen.

Deutscher Wald sollte unters Drogengesetz fallen.
Ein ganzes Volk ist süchtig nach diesem Rausch-Gift.

„Ich denke, also bin ich" bald nicht mehr,
und wer noch da ist, kann nicht nachgedacht haben.
Ich bin wie du, ich denke, daß du auch nicht denkst.

Man muß die Festungen feiern, bis sie fallen.

Ich würde mich ja gern bessern,
wenn ich damit nichts gestände.

Zum einen Ohr rein, zum anderen raus,
und nirgends angestoßen.

Neurotiker haben die Beine,
die sie nicht zwischen den Beinen haben, im Kopf.

Jung zu Freud hat nie gereut.

Liebe ist fishing for complements.

Liebe deine Feinde, aber bitte nicht meine!

Reiche sind Raubtiere, Arme nur Mundraubtiere.

Wir lesen die Speisekarten der Kannibalen
als Geschichtsbücher, und sie würden unsere
Geschichtsbücher als Diät- Kochbücher lesen.

Kapitalismus ist der Versuch einer Weltverbesserung
ohne Weltverbesserer.

Was dir zu schwer fällt,
gibt deinem Leben auch noch keinen Tiefgang.

Ein Kunstgenuß beneidet den Künstler
und genießt die Qual, die es ihn kostet.

Wer träumt, sucht nachts im Dunkeln,
was er am helllichten Tag verloren hat.

Descartes? Wer weniger denkt, als er ist,
ist noch nicht mehr, als er denkt.

Sapere aude : „Wage, selbst zu denken",
z.B. daß du Einstein oder Napoleon bist.

Jeder Mann bleibt immer derselben (Art von) Frau
treu, die ihrer gleichen Art von Untreue untreu wird.

Auch Rationalisten sind unvernünftig,
nur eben auf die denkbar unvernünftigste Weise.

Unbeschränkten Kredit und schrankenlose Bewunderung genösse, wer die Macht der Beschränkten beschränken könnte — sagen die Beschränkten.

Adam schlägt Eva — also nicht mehr in Bann.

Po-Ethik : Die Schriftsteller sitzen ihre Vorstellungen durch, und die kürzeste Verbindung zwischen Hirnmasse und Sitzfleisch ist das fehlende Rückgrat.

Wem gleichgültig ist, was andere über ihn denken,
muß sich vor allem nicht in ihre Lage(r) versetzen.

Fakten? Vollendete Tatsachen, die verbergen,
daß sie Folgen von Untaten sind.

Wer Gott fühlen will, vergötzt die Gefühle,
und wer das Denken verteufelt,
will nur nicht an die Hölle denken.

Warum Aphorismen?   Lapi-darum.
Sie verkürzen nichts, ihre Gegner langweilen.

Karl Kraus? Satiren, die der Zensor nicht versteht,
versteht auch das Publikum nicht
und werden zu Recht nicht verboten.

Ein Egoist hat auch nur Angst vor sich selbst.

Knechte müssen objektiv sein,
Herren dürfen subjektiv sein.

Einst schlugen sie ihre Kinder mit der Zeit tot.
Heute schlagen wir nur noch die Zeit
mit unseren Kindern tot.

Noch immer macht der Mann die Frau zur Mutter.
Zu seiner.

Nur in einem Fall fällt das Geständnis der Impotenz
leicht : Ich kann nichts dafür.

Passiver Widerstand : Treib den Gehorsam
bis zu deiner Unbrauchbarkeit!

Neurosenlehre : Wer Widerstand leistet, wehrt sich
(ab).

Lebenskünstler verstecken gern das Fehlen
einer glänzenden Fassade hinter einem Mangel
an reichem Innenleben.

Folklore? Heimatvertrieb.
Deutsche sind in die Heimat Vertriebene.

Jugend? Schönfrist, die aufs Widerwort gehorcht
und sich absichtlich aufsichterregend benimmt,
denn Rebellen erregt nur öffentliches Ärgernis.

Impotenz : Ur-Teils-Kraft, nein danke!

Abgemacht? Hier meine Hand, schlag ein.
Seinen Schädel.

Fachbücher : Früchte vom Baum der Vorkenntnisse;
jedes Schicksal hat seine eigenen ungelesenen Bücher.

Nur die Zukunft derer läßt sich vorhersehen,
die nicht vorher ihre Vergangenheit sehen wollen.

Ein Buch ist so gut wie die Gründe,
die Schuld am Gähnen, das es verbreitet,
auf seine Leser schieben zu dürfen.

Malen heißt, für andere in den Spiegel zu sehen.

Ehefrauen leben hinter dem Honigmond.

Es gab immer mehr Gedankenleser als Gedanken.

Deutscher Wahlzettel?   Führerschein.

Menschliche Nähe genügt nicht.
Man muß sich auch treffen.

Gute Beispiele verderben schlechte Theorien.

Narziß verliert nicht den Kontakt mit der Welt, um
ganz für sich zu leben, sondern den Kontakt mit sich,
um ganz der Welt und seinem Image zu leben.

Je höher der Schuldenberg, desto tiefer die Kapital-
fahrt, und je höher der Venusberg,
desto tiefer die Genitalfahrt.

Deutsche Sehnsucht : Gen Italien.

Jeder Hund ist seine eigene Leine, die er zieht.

Sie ziehen nur verschiedene Schlüsse draus:
Gläubige und Atheisten können sich an der Welt
gar nicht sattsehen.

Bibel : Es wird zurecht gesagt, alles Wesentliche sei
schon gesagt, aber daß alles Wichtige schon gesagt ist,
läßt sich ja gerade niemand gesagt sein.

Ein Christ, der sich nicht bereichern will, um durch
Armenhilfe eine arme Kirchmaus werden zu dürfen,
ist ein armer Teufel.

Deutsche sollen sich ruhig totarbeiten. Ihr Nichtstun
hat immer etwas mit dem Nichts zu tun.

Wer Genies nicht zu Geiste rücken kann,
rückt ihnen zu Leibe.

Der Alptraum erfüllt uns den Wunsch, beim Erwachen
nur ein böser Traum zu sein, und der Wunschtraum ist
der Alptraum, beim Erwachen nur ein schöner Traum
zu sein.

Aus dem, was wirklich passiert, ist zu prophezeien,
was wir träumen werden.

Ob eine Sklavenhalterwirtschaft nun griechische
Kultur hervorbringt oder nicht, Kulturlosigkeit
und Multi-Kulturlosigkeit ist immer zu rechtfertigen.

Was leichter fällt, wiegt noch nicht schwerer.

Die eine Frau bekommt den Mann mit Mühe groß,
die nächste mühelos wieder klein.

Verrückt oder nach dir? Was dich von dir entfernt,
vereinigt dich noch nicht mit mir, und was dich von
mir trennt, verbindet dich nicht mit dir selbst.

Heute sollen alle Nein sagen, aber wenn sie den Kopf
schütteln, fallen keine Lesefrüchte vom Baum
ihrer Erkenntnisse und Selbsterkenntnisse.

Zeitgeist ist Kulturkonsum für die da oben und Konsumkultur für die da unten, in einer Person vereint.

Wo der Geist kein Gespenst ist, braucht es keinen
Idealismus, und wo Menschen leben, gar keinen
Humanismus, aber wo keine Anthropologen sind,
leben noch keine Menschen.

Moderne Romane sind oft so langweilig, weil sie die
Erwartungen des Lesers zu gut wecken und erfüllen,
seine Erwartungen ständig zu durchkreuzen.

Irrenanstalten sind noch keine Freud-Häuser.

Arme haben für Reiche einfach zu wenig Reichmut.

Ob es ein Weiterleben nach dem Tode gibt?
Sieh dich doch an.

Umgängliche Menschen gehen gern miteinander um
— sich herum.

Rotes Utop secret : Kommen Zeiten, kommen Räte.

Wer „Literatur der Arbeitswelt" schreibt,
macht nur unbezahlte Überstunden.

Damit der freie Markt nicht gesättigt wird,
darfst du nie ganz satt werden.

Ja, der Arbeiter bekommt jetzt etwas mehr, als zur
'Reproduktion der Arbeitskraft' nötig ist. Mehr nicht.

Ein Masochist, dieses Opfer des freien Willens, Opfer
zu sein, ist ein Mensch, der nur für seine Schwächen
eine Schwäche hat.

Das Langweiligste an unseren Zeitgenossen besteht
in ihrer Unfähigkeit, sich zu Tode zu langweilen.

Frauen wollen nicht mehr immer jünger werden
bis zurück zur Edelsteinzeit und entfalten sich nicht
mehr dadurch, daß sie ihre Falten loswerden.

Er träumt, daß sie von seiner Traumfrau
und nicht von ihrem Traummann träumt.

Wer auf die Milchstraße gehen will,
muß schon Sonnensystemgegner werden.

Nach Ansicht der Männer haben Frauen ernste
Absichten mit der Absicht, keine ernsten Ansichten
zu haben, und nach Ansicht der Frauen haben Männer
ernste Ansichten mit der Absicht,
keine ernsten Absichten haben zu müssen.

Auch Intellektuelle sind Wüteriche, alles bringt sie auf
— Ideen.

Der Mensch ist ganz bei sich nur, wenn er aus sich
herausgehen kann, und geht ein oder gerät außer sich,
wenn er in sich gehen soll.

Künstlerische Inspiration versiegt nicht. Es gibt nur
die Konspiration der Muse mit der Konkurrenz.

Normale Perversionen bestrafen sich
durch ihre Befriedigung und werden befriedigt
durch die perverse Art, sie zu bestrafen.

Denken mag ja wirklich nur Selbstbefriedigung sein,
aber warum gibt es dann nicht mehr große Denker?

Hätte ich nur schon die Eigenschaften,
die mein Grabstein mir nachrufen wird!

Jeder liebt in seinem Nächsten nur sich selbst,
mag sein, aber sich selbst lieben kann jeder auch nur
in seinem Nächsten.

Werden Marktforscher Musen, entstehen Bestseller.

Das einzige Paradies auf Erden ist die Kultur,
also die Möglichkeit, in der Hölle ganz ruhig
über ihre Ursachen zu sprechen.

Lesen und Schreiben sind immer noch Privilegien,
solange niemand sie nutzt.

Wer keine Distanz zu sich selbst hat,
kann trotzdem noch schizophren sein.

Für Psychotiker ist eine Neurose die Gesundheit,
für Neurotiker die Gesundheit eine Psychose,
und ohne Weiber geht auch die Psy-Chose nicht.

Wahrheit ist auch nur Konformismus : Anpassung
des Kopfes an die Welt, wie sie nun einmal ist.

Wer nicht handwerken und schießen, nicht lesen
und schreiben, reden und rechnen kann,
ist noch kein Intellektueller.

Tugend nennst du jenes Laster,
für das du gerade ein anderes aufgegeben hast.

Das ganze Leben ist eine einzige Entwöhnungskur für
Sehnsüchtige. Die Rückfallquote war immer gering.

Gegen die böse und verrückte Normalität hilft nur
Einhaltung der Normen.

Gib dich nicht linkischer, als du menschlich bist.

Kinder fürchten keinen Tod.
Daher werden Alte kindisch.

Wenn nicht auch im Himmel ein Kapitalist herrscht,
sagt er, werden Fromme um Manna und Nektar
oft Schlange stehen müssen.

Wer wissen will, was glücklich macht,
müßte wissen, was der Teufel will.
Wird er deshalb heute geleugnet?

Revolutionäre wollen nichts Neues, sondern nur
das Älteste, das über dem Alten verlorenging.

Die Welt hat Charakter:
Sie ist sich bisher immer gleich geblieben.

Marx wollte nur das an der Welt interpretieren,
was an ihr zu ändern ist, und umgekehrt.

Gefühle sind die häufigste Form der Flucht
vor Handlungen und Gedanken.

Liebe deinen Nächsten, wie er sich selbst,
nicht wie er dich liebt!

Wo hat diese Morgenstund nur ihren verdammten
Mund, schwieg der Goldgräber.

Viele Linke haben zu viel K-rakter, treten nach oben
und buckeln nach unten.

Es gibt mehr Dinge, als unsere Schulweisheit sich
träumen läßt, in der Hochschulweisheit anderer Leute.

Wo lassen Sie leben und sterben?

Schwarz ist die Milch in der Nacht,
doch der Rabe bei Tage nicht weiß.

Bald werde ich wieder Hoffnung haben — hoffe ich.

Ein guter Mensch ist einer, den andere für besser
halten würden, wenn er schlechter wäre, und
ein Idealist ist ein Materialist, der den Schuh drückt.

Die Macht ist sich gewiß,
daß das Gewissen von ihr gemacht ist.

Bei Überlastung brennt Jugendlichen
noch die Verunsicherung durch.

Gott kommt in den Himmel, das ist so sicher
wie die Armen in der Kirche.

Wer allem auf den Grund sieht,
will oft nur nicht rudern, aber wer nicht rudert,
sieht den Dingen noch nicht auf den Grund.

Wir leugnen die Erbsünde, obwohl doch nur sie
verständlich macht, warum Leute, die nie vom Baum
der Erkenntnis gegessen haben können, sich aus dem
Paradies vertrieben fühlen.

Der kleine Mann ist Wachs in den Ohren
der Mächtigen wie in ihren Händen:
sie hören seine Klagen und Anklagen nicht.

Wahrheit ist wahrhaftig etwas mehr als ein Fehler
bei der Fehlersuche.

Die Rechte behält immer Recht, wenn sie macht,
daß die Linke die Macht behält. Und umgekehrt.

Der Fromme genießt seinen Verstand,
von diesem auf einen höheren zu schließen.

Schlechte Bücher haben nur einen einzigen Leser —
des Autors Ehepartner. Auch gute Bücher haben nur
einen einzigen Leser — den Zensor.

Romankonflikte werden erst gelöst
in den Kriegen des nächsten Jahrhunderts.

Wer A sagt, muß auch A tun und nicht B sagen,
sagen Praktiker, und wer A sagt, muß auch B sagen
und nicht A tun, sagen Theoretiker.

Für physisch Arbeitende gehörte Metaphysik
zur physischen Erfüllung und physische Erfüllung
zu den metaphysischen Dingen.

Sozialismus ist Vernichtung oder Selbsterzeugung
des Menschen durch Arbeit. Hauptsache,
der ewige Arbeitsfriede wird nicht gestört.

Gegen die Sozialisten waren wir Demokraten,
ohne sie sind wir nur Kapitalisten.

Eltern kommen nicht los von Kindern, die nicht
von ihren Eltern loskommen, und umgekehrt.

Gute Selbstkritik ersetzt kein schlechtes Gewissen.

Wir sind wohlhabend, wenn das Fleisch im Topf
billiger ist als das im Bett.

Christen gefährden sich auch nicht mehr
durch Barmherzinfarkt.

Das Gefühl treibt Frauen zu Kalkulationen
und das Geschäft die Männer zur Sentimentalität.

Kein Schwanz kann für männliche Schuldgefühle
geradestehen.

Auch Köpfe kommen schon wieder vor —
das Verstandgericht.

Heraklit auf gut Deutsch :
Der Arbeitsfriede ist der Vater des Nichts.

Entwicklungshilfe ist die Caritatur der Fernstenliebe.

Wer von der Mehrheit überstimmt wird,
stimmt noch nicht mit der Wirklichkeit überein.

Wenn es ein Laster ist, Tugenden nur zu studieren,
ist es noch keine Tugend, Laster nur zu studieren.

Auf den „Spuren" Blochs wird jedes Loch im Käse
ein Tor zur anderen Welt und jedes Stückchen
Materie eine *Magna Mater*, Teufels Großmutter,
an der man aufrecht zum Grunde geht.

Deutsche jagen der ganzen Welt
ihre Angst vor der ganzen Welt ein.

Einst waren Gedanken von Gefühlen abhängig,
heute nur noch Gefühllosigkeit, die sich für Nach-
denklichkeit ausgibt, von Gedankenlosigkeit,
die sich für Gefühlsleben hält.

Nicht Computer programmieren uns dazu,
Computer zu programmieren.

Melancholie ist die Drohung,
daß einem das Weinen auch noch vergehen wird.

Ob Psychiater überflüssig sind, hängt davon ab, ob
Menschen ihren Realismus für eine Depression halten
oder ihre Lebensfreude für eine manische Phase.

Meine Aphorismen sind aus der Luft gegriffen,
die meine Gegner für mich sind und in die ich gehe.

In seinem Haus ist keiner Kunde,
und das Verlassen des Hauses sei dein Haus.

Es ist noch kein freier Mann, wer zu mittelmäßig ist,
seinen Herren als Mittel zum Zweck zu dienen.

Zukunftsforschung, angewandte jüngste Vergangenheit

Sapere aude : Aufklärung heißt,
(an sich) selbst zu denken.

In Demokratien ist Denken aus demselben Grund frei
wie in Diktaturen verboten :
Jedem soll der beschämende Gedanke erspart werden,
gar nicht denken zu können.

Die Suche nach dem, was keiner hat und je hatte,
kann Flucht vor dem Neid sein.

Journalisten sind Nachrichter
und Theologen Weltgerichtsreporter.

Demokratie ist Widerstand gegen die Notwendigkeit
von Widerstandsbewegungen.

Daß die Zukunft keine mehr hat, hat schon eine lange
Vergangenheit, und daß die jüngste Vergangenheit
schon eine hat, dürfte noch eine große Zukunft haben.

Wenn ein Aphorismenleser nickt
oder den Kopf schüttelt, fällt der herunter.

Gesellschaft ist eine Gemeinschaft
mit beschränkter Blut- und Bodenhaftung.

Welcher neue faule Zauber entzaubert die wissen-
schaftliche Weltentzauberung?

Marx und Freud streiten sich, ob wir erst Lebensmittel
erzeugen oder einander zeugen müssen.

Der Kleinbürger tanzt aus der Reihe ins Reihenhaus.

Kinder sind eheliche Kunstwerke der Talentlosen
und Kunstwerke uneheliche Kinder der Begabten.

Liebe an deinem Nächsten,
daß er sich mehr liebt als dich!

Die berühmte Einheit von Theorie und Praxis
wird meist so verstanden, daß der Kopf schon
alle Kompromisse vorwegnimmt,
die das Handeln dann ohnehin eingeht.

Manche gebeichtete Sünde ist ungebeichtete Sühne
für eine schlimmere.

Wer Utopisten für Reaktionäre hält,
muß seiner Zeit nicht voraus sein.

Seit Gott dem Erdenkloß Odem einbläst,
hält der den Mund und sich die Nase zu.

Amor läuft Amok:
Der Lustmord ist ein Freudscher Verlieber.

Viele treten einander auf die Füße,
um miteinander auf gutem Fuße zu stehen.

Utopien sind Träume von einer Welt,
in der Utopien keine Alpträume würden.

Die Lebenszeit der allermeisten Erdbewohner
ist eine Henkersmahlzeit.

Wir nehmen uns und einander nur so,
wie Gott uns nicht geschaffen hat.

Wer seine Innereien nicht für sein Innenleben hält,
gilt schon als spiritueller Spiritist.

Gewissen ist Ohnmacht. —
Macht ist Wissen, das dumm macht,
und Recht, das Recht ohnmächtig macht.

Bildungshunger ist der beste Koch
für geistige Nahrung. Er treibt's rein.

Die Welt, in der wir leben, wird die Utopie für jene
sein, die in utopischen Gesellschaften leben müssen.

Die Frauen, an denen wir uns noch vergreifen,
sind vergriffen, sagen Männer.

Die Spatzen pfeifen von allen Dächern,
daß sie auf alle Dächer und Dachschäden pfeifen,
und fast jeder Sterbende pfeift auf das letzte Loch.

Heute wird aufgeklärter über die Gefahren,
die dem Sex durch die Liebe drohen
als der Liebe durch die „Sexualaufklärung".

Fast jeder macht uns durch seinen Tod trauriger,
als er uns im Leben froh machte.

Du kannst erreichen, was du willst,
aber nicht gewollt haben, was du erreichst.

Sklaven bedanken sich für Herren,
die ihnen etwas schenken, und danken Herren,
die sich von ihnen etwas schenken lassen.

Die Katze läßt die Katze nicht mausen.

Früher lebten Kinder mit ihren Eltern auf engstem
Raum und sollten nichts merken. Nun leben sie zwischen geschiedenen Leuten und sollen alles wissen.

Zerreiß dich, bis du ganz ganz bist, und nimm
dich zusammen, bis du mit dir zerfallen bist!

Wie schwierig ist eine Wiederbegegnung
nach so langer Zeit! Flüchten wir uns erst einmal
in Wiedersehensfreude!

Homo lupo homo : Heute hilft der Mensch
dem Menschen, Schaf oder Wolf zu sein.

Das schwächste Fleisch hält sich für klüger
als der willigste Geist, weil es immer nachgibt.

Wer wenig denkt, ist schon ehrlich,
wenn er wenig sagt, aber wer aufrichtig schweigt,
kann immer noch tief nachdenken.

Wie du Führer wirst? Nimm Reißaus vor uns,
und wir folgen dir.

Adam *erkannte* Eva, die er zum Fressen gern hatte.
Nach Kant aber ist das 'Ding an sich' unerkennbar.

Ruhm macht satter, als Sattsein berühmt macht.

Das Christentum hat gesiegt durch seine Niederlage:
Jeder lebt heute schon ganz von selbst selbst-los.

Gerechtigkeit ist der unlautere Vorteil,
der sich aus dem kleinsten gemeinsamen Nenner
aller Menschen ziehen läßt.

„Wirf alle Bücher weg und geh hinaus in die freie
Natur!" „Aber ich lese doch stets im Buch der Natur."

Die Unsterblichkeit des Künstlers beginnt
mit der Verengung seiner Lorbeerkranzgefäße.

Nicht jeder, der Ärger mit Zeitgenossen hat,
ist schon seiner Zeit voraus.

Mach deine eigenen Erfahrungen,
besonders mit den Erfahrungen anderer mit dir.

No future? Ja, nun müßt ihr endlich
keine vorfabrizierte Zukunft mehr wegräumen.

Zwei Vegetarier *erkennen* sich
und werden Ein Sojafleisch.

„Der Mensch ist ein gesellschaftliches Wesen",
sagen die Herdentiere.

Wer nicht den Buchstaben des Gesetzes befolgt,
beschwört gern seinen Geist.

Vorsichtige überlegen, welche Angelegenheit
sie über dem Gras wachsen lassen.

Stolz bin ich weniger auf das Schwein, das ich bin,
als auf meinen Verstand, der das erkennt,
und meinen Mut, der das bekennt.

Freizeit, Gleichgültigkeit, Brüterlichkeit:
Freiheit von allen gleichen Brüdern!

Wirklichkeit ist das,
was Wunschträume als Alpträume entlarvt.

Mord war immer die wirksamste Psychotherapie
gegen Selbstmord. Und umgekehrt.

Bessere dich, schreib deine Autobiographie!

Wir essen und reden mit demselben Organ,
wir pissen und zeugen mit demselben Organ.
Mit vollem Mund soll man nicht reden.

Künstler sind jene selbstlosen Egoisten, die ihren Narzißmus zum Glück nur befriedigen können über den Umweg, den Narzißmus ihrer Kunden zu befriedigen.

Alle Bilder zeigen ihren Maler. Außer Selbstporträts.

Hemmungslos fühlte mein Psychologe mich in sich ein und entwickelte keinen Widerstand, meinen zu brechen und seine Gefühllosigkeit auf mich zu übertragen.

Zivilisation ist nur verdrängter Sex, mag sein, aber deshalb noch nicht jedes verhinderte Schwein ein namhafter Kulturträger.

Liebe ist, wenn Mann und Frau auseinander Orgas-Mus machen.

Eine Orgie feiern heißt, voller Über-zeugungskraft unter Zeugen nicht zu zeugen.

Nur der Verkehr ist verkehrt, der das Blut, das er aufrührt, auch vergießt.

Nicht jeder Verschlossene macht Inventur. Mancher hat nur den Schlüssel draußen steckenlassen.

Neuigkeiten werden langweilig. Das Freizeithobby guter Journalisten sind Metaphysik oder ewige Unwahrheiten.

Pater semper incertus :
Der Gedanke ist selten der Vater eines Wunsches.

Der Metaphysiker ist totgesagt und totgeschwiegen.
Er arbeitet für seine geistige Existenz
mehr als für die physische Existenz anderer.

Von Plato bis Schopenhauer : Versteh und entgeh
dem Entstehen und Vergehen!

Wenn nun im Himmelsparlament alle Geschöpfe
befragt würden : Ob sich wohl eine Mehrheit fände
für die Novellierung der Naturgesetze?

Nicht alle Überlebenden sind zu bedauern. Manche
sind nur die tröstlichen Hinterbliebenen ihrer Opfer.

Naturfreund werde ich erst,
wenn Kultur uns zur zweiten Natur geworden ist.

Der Unmensch ist frei,
und wär´ er in Gold- und Etiketten geboren.

SOS auf Alt(ernativ)deutsch : Rettet unsere Seen
vor ihren Rettern!

Man soll auch den Ochsen, der das Maul aufreißt,
nicht verdreschen.

Wir tadeln den, der uns nicht dafür lobt,
daß wir ihn loben.

Die und der Einsamkeit liegt an der Gesellschaft.

Erlege oder erliege : Der Mensch ist ein Jäger,
sagen die Jäger.

Datenschutz vor Menschenkunde? Diktaturen
brauchen erst einmal Todeskandidatenschutzgesetze.

Willensfreiheit und Gedankenfreiheit ersetzen nicht
Willen und Gedanken, aber die Religionsfreiheit
hat nur von der Religion befreit.

Auch der Schwächste hat manchmal
einen festen Willen zu einem festen Willen.

Verkehrte Welt, die ästhetisch konventionell
und moralisch originell sein will.

Verdient jeder so viel Lob, wie er Tadel verträgt,
weil er so viel Tadel verdient, wie er Lob erträgt?

Der Einzelne denkt allgemeingültig und in Gemeinschaft wie ein Idiot. Heute liegt alles an der Gesellschaft — wie Frischlinge an der Muttersau.

Die einen schlagen Wege ein wie Zähne, die anderen
Zähne wie Wege.

Die BILD-Zeitung schützt nicht vor Bildung,
und wer BILD haßt, ist deshalb noch nicht im Bilde.

Aphoristiker ist, wer den Gedankensplitter im Kopf
seines Nächsten sieht.

Außer Arbeitslosen findet jeder seinen Meister,
aber nicht jeder sucht ihn.

Demut sollte zu stolz sein für die Prahlerei mit
der eigenen Verächtlichkeit und für die Verachtung
der eigenen Überlegenheit.

Die Seele ist ein Wunschtraum von Holzköpfen
und der Körper eine Erfindung der Geistreichen.

Obsta principiis: Wehret den Prinzipien der Anfänger!

Nur Taube gehorchen. Wer Musik im Blut hat,
hat oft nur Bohnen in den Ohren.

Sinnlos ist das Leben erst, das den Geistesarbeitsplatz
im Weltall verliert und auf der Milchstraße liegt.

Was ist Wahrheit? Die größte Applausibilität.

Ist der Stammbaum der Erkenntnis arisch?

Der Friede, den manche uns wünschen,
wünschen andere nur der Asche.

Haut die Haut! Niemand fährt aus der faulen Haut,
auf der er liegt.

Mal wird man zur Zufriedenheit aufgewiegelt
und dann in Unsicherheit gewiegt.

Dasselbe in Grün. Früher hatten Deutsche es
mit den Stammbäumen und nun mit Baumstämmen.

Manche vertreten einen Standpunkt nur,
bis er selbst zurückkehrt.

Dilemma. Du sollst sein wie ich,
aber ich will dann nicht sein wie du.
Du sollst nicht sein wie ich, sondern wie ich will.

Was nicht bleibet, geht stiften; was aber bleibet,
brandstiften die Diktatoren.

Große Denker?   Nicht tiefer als auf den Grund.

Ewiges Leben. — Ewig so leben?

Heimat ist unheimliches Eigenheim der Enteigneten.

Die Welt ist gerecht : Macht sie den einen arm,
macht sie den anderen reich.

Schriftsteller halten die Demokratie für eine Diktatur
der Leser, Kritiker und Verleger.

Wer Landschaften Landkarten vorzieht, ist noch kein
praktischer Realist, und wer Landkarten Landschaften
vorzieht, noch kein Intellektueller oder Militarist.

Philosophie ist eine Alternative zur bloßen Alternative
von materialistischen Reden über Geister und geistreichen Reden über materielle Dinge.

Paranoiker sind nicht geheilt,
wenn sie plötzlich vom Glück verfolgt werden.

Was du willst, daß man dir tu,
das füge nicht dir selber zu.

Wer träumt oder nicht träumt,
hat noch nicht bewiesen, daß er nicht schläft.

Altmodische Arten der Entdeckung und Erfindung
sind originellen Formen der Nachahmung gewichen.

Der letzte wird die Hunde zuerst beißen müssen.

B-Triebe. Die Gattung siegt stets übers Individuum, in der Jugend als Bett-Trieb, im Beruf als Betrieb und im Alter als Bet-Trieb.

Um eine Wahrheit glühend verfechten zu können, genügt es, sie selbst nicht ganz zu glauben.

Habenichtse können gut sein, ohne wohltätig sein zu müssen, klagen Wohlhabende.

Der Blick auf Menschen wird verstellt durch ihre Menschenwürde und umgekehrt.

Weise hoffen verzweifelt auf unsere Verzweiflung, die nichts zu verlieren hat als Ersatzbefriedigungen.

Zuerst versichern Lebensversicherungen uns, daß wir noch lange leben, und dann gegen unser Leben.

Ein guter Mensch, dem es gut geht, fragt sich, wem es dafür wohl gerade schlecht gehen mag, und ein schlechter Mensch, dem es schlecht geht, fragt sich, wem es dafür wohl gerade zu gut gehen mag.

Das ist Anfang und Ende der Philosophie : Du stutzt — anderen die Flügel.

Wer nicht mehr getäuscht wird, ist auch noch enttäuscht.

Niemand wurde geboren, weil er es so wollte.
Trotzdem will er nicht sterben.

Jedem wird heute das Leben gegeben und genommen
durch einen Verkehrsunfall.

Seinen Stammbaum führt der Deutsche auf Mutter Natur
und Vater Staat zurück und seinen geistigen Stammbaum
bis auf seinen Doktorvater.

Freud ist der Erfinder des Unbewußten, ohne dessen
Wissen nichts geschieht? Ich habe im Unterbewußtsein
nicht diese Sauereien der Psychotherapeuten : Ich liebe
Mutter Natur, und Gottvater ist für mich schon lange
gestorben.

Nur Minderwertige haben nicht diesen Komplex,
der aber nicht vor Minderwertigkeit schützt.

Revolutionen sind Klassentreffen, nach denen jeder weiß,
daß der Sitzenbleiber zum Generaldirektor
und der ehemalige Primus zum Penner wurde.

Wir wollen nicht klüger werden,
weil wir nicht älter werden wollen.

Einst floh der Mensch vor seinesgleichen in die reine
Natur. Wohin flüchten, wenn er immer natürlicher lebt?

Laut Marx schafft jeder Mensch sich selbst —
seine Klassenfeinde.

Was ein Proletarier nur für sich selbst täte,
täte er für die ganze Menschheit. Was ein Bürger
für die Menschheit tut, tut er nur für sich selbst.

Ohne Fleiß des Knechtes kein Preis des Herrn,
und nicht jeder hat seinen Fleiß.

Zu meiner Erfüllung wünsche ich mir nur noch
den Wunsch — anderer danach.

Auf die Begreifung unvollendeter Tatsachen
ist zu wenig Belohnung ausgesetzt.

Dialektiker wollen nur den Teufel, der Gutes
im Namen des Bösen tut, mit Beelzebub austreiben,
der Böses im Namen des Besten tut.

Sprachlosigkeit spricht eine deutliche Muttersprache, die
nur noch in unangenehme Tatsachen zu übersetzen ist.

Rechthaber prophezeien ungestraft
den Sieg des Unrechts.

Der Mensch ist, was er verg-isst.

Deine Scheibe vom großen Kuchen ist nur Zielscheibe
für andere Bäcker.

Je besser Aphorismen sind, sagen ihre Gegner,
desto falscher.

Wenn mich keiner ausbeuten will, muß ich verhungern.

Als Gott seine zwei Testamente gemacht hatte,
wurde er für tot erklärt.

Tyrannen haben früher mehr glückliche Ausnahmen
produziert, als ihre Gegner heute zur demokratischen
Regel machen wollen.

Wenn Herden in Individuen zerfallen, bilden die
Individuen Familien. Wenn Familien in Sozialatome
zerfallen, bilden die Singles nur Kollektive.

Im Fernsehen geht es zu wie im Leben erst, seit es im
Leben der Fernseher zugeht wie in ihrem Fernseher.

Die Zukunft haben wir nicht nur,
um unsere Vergangenheit zu ändern.

Wenn uns schon Leute überleben müssen,
dann sollen es eigene Kinder sein.

An Mördern wollen wir bestraft wissen,
daß *wir* uns beherrschen mußten.

Form und Inhalt streiten sich immer, ob Wein
am Boden besser ist oder Wasser im Goldpokal.

Wer sich nur selbstverwirklicht, ist wie jeder andere
und mancher sich selbst nur treu, indem er tut,
was alle tun.

Mehrsprachiger Egoismus kommt der Nächstenliebe
am nächsten.

My home is my castle :
Mein Luftschloss ist meine Heimat.

Um Himmels willen, Gott ist tot? — Gott sei Dank,
er hat so gelitten.

Ein Antikapitalist verrät sich : Er gibt sich zufrieden,
also geschlagen.

Wer auf ihren unfeinen Hintergründen besteht,
ist oft nur für die feineren Gesellschaftsspiele
zu ungeschickt.

Bin ich ein Kind meiner Zeit, verdanke ich ihr sogar
die Emanzipation von ihr.

Ein Dichter schickt täglich den trojanischen Pegasus
in das Lager der Musen.

Wunder sind jene Selbstverständlichkeiten,
die die Wunder der Natur aufheben.

Auch höhere Beweggründe
sind niemals mildernde Umstände.

Die Natur verbirgt vor uns viel weniger
'Dinge an sich' als die Gesellschaft.

Hiob? Wer untergeht, muß nicht gut gewesen sein,
und der Böse kann scheitern.

Ich trag keine Brille mehr: Einst sah ich, daß da ein
Mann steht, jetzt erkenne ich, daß es ein Mensch ist.

Ägypten nannte sich damals sicher das Vaterland
der werktätigen Hebräer.

Wer keine Illusionen zu verlieren hatte,
leidet an Realitätsverlust.

Was hatte der Ermordete,
das der Selbstmörder nicht besaß?

Mancher muß alles sein, um kein Nichts zu sein,
und um alles zu sein, darf er gar nichts sein.

An sich denkt jeder : Er macht sich Gedanken über
die Gedanken, die andere sich nicht über ihn machen.

Vordergründige suchen gern nach Hintergründen für
Freuds Suche nach Hintergründen : Die Frau will im
Kind einen Penisersatz, aber nie den Penis ihres Penis.

Wenn einer mal kein Fleisch ißt oder streichelt,
muß er noch nicht Geist haben.

Wut abzulassen, ist das sicherste Mittel,
von ihr abzulassen, sagen Wüteriche.

Für seine Karriere hat mancher sogar die Überzeugung
aufgegeben, daß jede Überzeugung für die Karriere
zu opfern sei.

Für Untäter sind Theoretiker
energische Zitatmenschen.

Ich fürchte die Strafe — folgt erst auf die Buße.

Demut schützt vor dem Fall,
und Demütige sind erhaben über Gedemütigte.

Wir brauchen ein bißchen Köpfchen, uns eine materielle Existenz zu verschaffen, die aber nicht mehr gebraucht wird, uns eine geistige Existenz zu schaffen.

Geizige haben das Verpulvern auch nicht erfunden:
Wer den Geiz nicht ehrt, ist seinen Ehrgeiz nicht wert.

Er kehrte vor seiner Tür — den Hausmann heraus
und verkehrte hinter der Tür mit seiner Putzfrau.

Das meiste Geschriebene ist zeitlos. Wahr ist es nie.

Eine Frau ist außer sich, wenn ein Mann bei ihr
und trotzdem noch bei sich ist.

Ein Mensch ist das,
was jedem zum Menschen noch fehlt.

Himmel? Gottvaterland. Ein gebrochener Mann fühlt sich, als hätte Gott aus all seinen Rippen einen Harem voll (aus)gebrochener Frauen gemacht.

Wie soll man Schluß machen mit Leuten, die am Ende sind? Was anfangen mit denen, die kein Ende finden?

Auch das Desinteresse am Nächsten ist sexuell
und verlangt heute Aufklärung.

Niemand ist, was er gewesen sein wird,
und keiner wird gewesen sein wollen, was er ist.

Iss, mein Kind, damit du groß und stark wirst
zum Kampf für eine Welt, in der du nicht mehr groß
und stark sein mußt, um keine Angst zu haben
vor denen, die fressen, damit du ...

Hegel : „Freiheit ist Einsicht in die Notwendigkeit"
der Mittel für eigene Zwecke.

Friedhöfe sind die Dunghaufen aller blauen Blumen,
seien sie rot oder grün.

Wem ist *das* Halt! nicht *der* Halt?

Ein Buddhist will lieber überhaupt nicht wiedergeboren
werden als nur in eigenen Kindern.

Ein Deutscher gilt als Mensch, der nicht einmal
seinem Herrn in den Hintern zu kriechen wagt,
sondern nur dessen Dienern.

Revolutionen sollten nicht die Zehn Gebote
durch zehn Feuerbachthesen ersetzen.

Wer steht, muß nicht gehen, aber wer geht,
muß stehen, ohne stehenzubleiben.

Kaiser Nero sah sich als verhinderten Künstler.
Er wußte, was für verhinderte Herrscher Künstler sind.

Lieber ein Gespenst als gar keinen Geist?

Wer sauber bleiben will, ist nur ein Faulpelz,
sagen die Schweinehunde.

Pascal liebte sich selbst wie seinen Nächsten —
als etwas Hassenswertes.

Antworten stellen Fragen — wie Verbrecher.

Alle wollen nur mein Bestes, aber nicht dafür zahlen.

Nur wer seine Grenzen nicht anerkennt,
lernt sie kennen.

Sollen die Intellektuellen doch alle aufs Land gehen.
Wenn nur die Bauern auch Überbauarbeiter werden
wollten!

Arbeiter haben Material in dreckigen und sind
Material in sau-beren Händen. Sie sollten endlich mal
ihr Menschenrecht auf Geistesarbeit einklagen!

Ideale werden heute dadurch realisiert,
daß Realismus idealisiert wird.

Kritik ist gebildete Nörgelei, sagen ihre Kritiker,
und Ideen sind nur gebildete Wünsche, sagen Leute,
die keine haben.

Damit sie meine Bedürfnisse produzieren können,
lassen die Obertanen dauernd demoskopisch bei mir
nachfragen, ob ich ihre Angebote, die Nachfrage
nach der Nachfrage, die ich mir bieten lasse,
schon für meine eigene Nachfrage halte.

Was hat Freiheit für einen Sinn,
wenn man nicht freier ist als andere?

Auch Aphoristiker sind engagiert:
Einsatz in *einem* Satz (für den nächsten).

Dichter und Denker fallen durch jeden Boden
der Tatsachen, weil sie auf festem Abgrund stehen.

Wer seine Schüler vor allen Warnschildern warnt,
ist noch kein rechter linker Lehrer.

Presse- und Versammlungsfreiheit
müssen heute Gedanken und Willensfreiheit ersetzen.

Daß alle meine Darstellungen die Realität
verfälschen, gehört zur Realität. Aber sie verfälscht
mich so sehr, bis ich sie unverzerrt wiedergebe.

Ich halte mich fast für größenwahnsinnig, weil das
Gewissen, das auf mich herabsieht, mein eigenes ist.

Es ist nicht jeder gleich ein Künstler, der sich durch
Lebensversicherungen noch nicht sicher genug
vor dem Leben fühlt.

Ich liebe mein Vaterland.
Nur dort kann ich von fremden Ländern träumen.

Schriftsteller sind Patrioten, die begeistert
hermarschieren hinter ihren Druckfahnen.

Da Autisten sich nicht mit Autisten unterhalten,
gibt es Unterhaltungsbranchen.

Schlaraffke? Bürger und Künstler schimpfen sich
Effekt- und Effektenhascher.

Marx? „Der Mensch macht seine Geschichte selbst,
aber nur unter der vorgefundenen Bedingung",
daß das eine Illusion ist.

Nachkriegsdeutsche Parole : Heim in den Reichtum!

Feminismus ist kein Matriarchat,
er redet den Frauen nicht nach dem Muttermund.

Wer die Wahl gewinnt, der quält seine Wähler.

Wer sich nicht zur Sau machen läßt,
der muß schon ein Schwein sein.

Egoisten werden nur von Egoisten verurteilt,
aber deshalb ist das Lob unseres Eigennutzes
noch keine Form von Nächstenliebe.

Dein Rock ist mir näher als deine Haut.

Worte geben die Welt dadurch wieder,
daß sie sich ihr nicht anpassen.

Der Zimmermann im Haus erspart nicht die Axt im
Walde und die Hand im Haus nie das Frauenzimmer.

Der Himmelreichsapfel fällt nicht weit
vom Stammbaum der Erkenntnis.

Kopfarbeit macht das Geistesleben sauer,
und voller Bauch studiert Diätkochbücher.

Wer tut, was alle tun, hat noch nichts für sie getan.

Wer sich den Kopf verdrehen läßt,
sieht nicht Kehrseiten, sondern Verfolger.

Hoffnung ist oft chronische Lernunfähigkeit.

Eigene Rüstung läßt sich am besten verstecken
hinter offen gezeigten Blößen.

Erfolg ist die Erfahrung, keine machen zu müssen.

Wer nicht die Gesellschaft einer Geliebten sucht,
muß die Gesellschaft lieben.

Ein Misanthrop ist kein Mensch, der nur
Misanthropen liebt, sondern nicht allein sein kann.

Wer gegen Riesensauereien protestiert,
demonstriert oft nur dagegen,
daß man ihm das Monopol darauf streitig macht.

Man kann Dummheit mit Güte entschuldigen und
Schurkerei mit Genie, aber nicht Talent mit Charakter
und Integrität mit Naturbegabung.

Einsame neigen zu Krankheiten nicht,
weil sie die Gesellschaft von Bakterien suchen.

Wer denken kann, läßt es lieber.

Ein Untäter ist gerade keiner, der tatenlos zusieht.

Genesis und Genetik : Menschen ziehen nicht einmal am gleichen DNS-Strang.

Die Sonne bringt es nur an den Sonntag : Keine Sonne über den Neuigkeiten. Man soll den Sonn- und Feiertag nicht vor dem Sonn- und Feierabend loben.

Wer schwimmt im Geld gegen den Strom?

Sensibel ist, wer das Gras wachsen hört
über dem Gras, in das er beißen soll.

Wer Haare auf den Zähnen hat,
findet das Haar in der Suppe.

Beter lernt Not. Gott ist zu realistisch,
um nicht erfunden zu sein, und zu phantastisch,
um nicht zu existieren.

Zeittransporter würden auch nur überfallen.
Der Stolze ist zu stolz, für stolz zu gelten.

Ungebildet ist nur, wer nur Kenner kennt.

Es gibt Gefährlicheres als Atomkraftwerke:
Ihre Eigentümer und Enteigner.

Das Volk wäre weniger zur Räson zu bringen
als zum Räsonieren.

Die Weltgesellschaft ist kein Azubi
auf dem Weg zur Weltmeisterschaft.

Unbewußtes schützt so wenig vor Strafe
wie Straflosigkeit vor dem Wissen.

Ich denke dein, also minn ich dich.
(Frauen : Vielleichte Mädchen für schwere Jungs?)

Raum und Zeit. Liebe ist, wenn zwei Leiber zugleich
am selben Ort sind und gleichzeitig Ein Fleisch
zugleich an zwei Orten ist.

Lebemänner leben im Schatten unter den Augen,
die sie auf Frauen werfen.

Wer sich von hinten erschießen läßt oder davon
träumt, daß Bestseller und ihre Leser verboten werden,
ist noch kein Avangardist. Avantgarde ist, wer heute
schon dort ist, wo auch morgen niemand sein wird.

Alles Richtige ist schon gerichtet — auf Opfer.

Die Sterne, die du durchs Fenster siehst,
gehören nicht zu deinem Haus.

Psychologen verstehen sich, ohne die Welt
zu verstehen, Physiker verstehen die Welt,
weil sie nichts von sich verstehen.

Kapitalismus ist gemeinnütziger Egoismus,
Sozialismus war eigennützige Selbstlosigkeit
und Mehrwertsteuerung ohne Mehrwertkomplex.

Wenn ich Beamter wäre,
wäre ich auch Sozialist gewesen.

Jugendliche träumen von der Wirklichkeit,
Erwachsene von der Realisierung ihrer Träume
und Greise von ihren Jugendträumen.

Wenn zwei Eheleute sich streiten,
freut sich bald ein neuer Erdenbürger.

Erinnere dich, daß du vergessen hast,
dich zu erinnern und zu vergessen.

Arbeit macht nicht frei,
aber Freiheit macht erst Arbeit, dann arbeitslos.

Wo keine Klage ist, da ist auch kein Dichter.

Zu viele Menschen auf der Welt sagen,
es gebe zu viele Menschen auf der Welt.

Was meine Maschine noch nicht kann,
ist deshalb noch nicht menschlich an mir.

Theologie ist Surrealismus der wahren Welt,
Surrealismus ist Theologie der Warenwelt.

Wer die Wahrheit nicht weiß, der irrt,
und wer sie sagt, ist irre.

Ein Fisch, der nicht fischt, ist faul.

Der Nagel zum Sarg ist auch nicht kopflos.

Wer kein Übermensch ist,
ist deshalb noch kein Mensch.

Wer nichts sieht, muß nicht geblendet sein vom Licht
der Vernunft.

Kinder werden Leute, Kleider machen Leute,
Leute machen Kinder und Kleider.

Gottesbeweis : Die Menschen wachsen und mehren
sich noch immer.

Realisten sind die Kellerbewohner des Weltgebäudes,
die das Dachgeschoß für ein Luftschloß halten,
das ihre Gegner für ein Lustschloss halten.

Ordnung ist ein Zustand, in dem das natürliche Chaos
durcheinandergeraten ist.

Aggression ist der Versuch, fliegen zu lernen,
indem man in die Luft geht, die man füreinander ist.

Arbeit, die längste Entfernung zwischen Wunsch
und Erfüllung, ist das mühsamste Mittel,
andere zu bereichern.

Askese ist der Versuch zur Anstachelung
von Begierden durch ihre Frustrierung,
und Hedonismus ist der Versuch zur Abtötung
von Begierden durch ihre Stillung.

Der Egoist opfert sich dafür auf,
daß andere sich für ihn aufopfern.

Lebenserfahrung ist die Summe der erfolgreichen
Bemühungen, aus der Wahrheit eine Jugendtorheit
oder Kinderkrankheit zu machen.

Moral ist die Lust, anderen die Lust zu mißgönnen,
die man sich selbst verbieten muß.

Geld ist das beste Mittel, sich vor Wünschen
zu schützen, die sich damit nicht erfüllen lassen.

Frei sein heißt wählen können,
zwischen welchen Möglichkeiten zu wählen ist.

Selbstbeherrschung wäre gut,
wenn es da keinen Knecht gäbe.

„Alles ist subjektiv." — Schön war's ja, oder?

Jeder sieht die Welt nur durch seine Brille.
Mancher hat nicht einmal das. Und frei ist nur,
wer nicht einmal sich selbst gehorcht.

Wenn der Holzfäller Bäume sägt, träumt er von
seinem Bett. Wenn er im Bett träumt, sägt er Bäume.

Jeder ist seines eigenen Glückes Schmied. Bei vielen
kommt nicht mehr heraus als ein Hufeisen.

Wer sich selbst ganz in der Gewalt hat,
hat die Revolution zu fürchten.

Daß die Menschen nicht glücklich werden mit dem,
was sie haben, beweist nicht ihre Unersättlichkeit,
sondern daß sie eigentlich etwas ganz anderes wollen.

Nicht mal der Konservativste möchte zu der Zeit gelebt haben, als heute Altbewährtes noch brandneu war.

Was nur halb so schlimm ist,
ist noch nicht doppelt so gut.

Demokratie ist Pluralismus der Einmann-Diktaturen.

Die Lebenserwartung ist gestiegen : Das Warten
auf ein besseres Leben zieht sich heute länger hin.

Intelligenz ist Intuition in Zeitlupe, und Intuition
ist die Allwissenheitsquelle der geistig Armen.

Gute Bonmots sind erst übermorgen wahr,
schlechte schon heute.

Besser in aller Ruhe streiten als mit Gewalt einig sein.

Mit jedem Tag vergeht die Chance,
daß er nicht vergeht wie jeder andere.

In der Würze liegt die Kürze des Lebens
auch nicht mehr.

Geh in dich, aber bitte nicht in mich!

Jeder braucht wenigstens so viel Verstand,
ihn bei sich selbst zu vermissen.

Der Gesichtskreis der meisten Leute ist nicht größer
als ihr offener Mund.

Freiheit ist die Fähigkeit, etwas nicht nur deshalb
zu tun, weil man es kann.

Heute entlasten die Pflichten von der Verpflichtung,
sich zu amüsieren.

Liebe ist, wenn der eine sich mit der Nacktheit
des anderen bekleidet.

Wissen ist Macht, aber man hört immer nur
von Machtergreifungen.

Wer ein Dach überm Kopf hat,
hat noch kein Köpfchen unterm Dach.

Es sind die Bretter vorm Kopf, die die Welt-
anschauungen bedeuten und ihn über Wasser halten.

Erlaubt ist, was gefällt, aber nur,
was nicht erlaubt ist, gefällt.

Manche loben uns nur,
damit wir uns ihr Lob bald verdienen.

Unterscheiden kann man sich nur von Leuten,
die einen nachahmen.

Die Jugend verrät immer die Ideale des Alters —
und macht alt.

Manche Einsamkeit ist nur Trittbrettfahrerflucht.

Nur der Böse weiß, wie gut der Gute ist.

Deutsche lesen nicht. Schon ein Aphorismus
lenkt sie zu lange von sich ab.

Wer nur den ganzen Betrieb aufhält,
gilt heute schon als Gebildeter.

Wer nicht heiratet, muß deshalb noch keinen
Menschen gefunden haben, der zu ihm paßt.

Eine falsche Schlange macht noch kein Paradies.

Armut sollte Besitz aller unbezahlbaren Dinge sein.

Der Krug geht so lange zum Jungbrunnen,
bis er wieder ein Haufen Ton ist.

Einst wurde gehorcht — widerwillig.
Heute ist man frei — widerwillig.

Einst machte Spaß, was Tatsache war. Einst wird
Fakt sein, was Freude macht. Das ist Fortschritt.

Nur fesselnde Bücher machen freier,
nur spannende Krimis entspannen.

Wer seine große Freiheit liebt,
der freit seine große Liebe.

Wenn du zum Weibe gehst,
vergiß nicht das Zuckerbrot!

Zu viele Menschen sind eingesperrt
in die Freiheit von allem Wissensballast.

Theoretiker sind selten. Die übrigen Menschen haben
zwei linke Hände.

Gäbe es keine Wege,
dann hätten wir unsere Ziele längst erreicht.

So ist der Mensch:
Er liebt das Leben und macht Seitensprünge.

Wer nicht mit dem Kopf gegen die Wand rennt,
lebt schon in der Gummizelle.

Das beste Buch ist ein schlechter Ersatz
für einen guten aphoristischen Satz.

Ein Saal mit Käfig-Tapeten ist schöner als eine Zelle
mit Weltraum-Tapeten.

Optimisten sind Euphoriker mit dem Glauben,
daß Pessimisten endogen-depressiv sind.

Gut ist ein Aphorismus, der die Leser entmutigt,
selber welche zu schreiben.

Am besten unterhalten uns Menschen, die wir
zu unterhalten verstehen — materiell wie geistig.

Endlich habe ich mich selbstverwirklicht.
Mein Traum war schöner gewesen.

Was hätte aus der Welt ohne mich
alles werden können!

Wir leben voll in der Gegenwart, d.h.
wir erinnern uns an schöne Hoffnungen
und hoffen auf gute Jugenderinnerungen.

Im stillen Kämmerlein wird jeder Mensch
wieder ganz Herdentier.

Wer weder Krawatte noch Zylinder trägt,
kann noch von vorgestern sein.

Mancher hat unter seinen Füßen nur den festen Boden
eines anderen Sterns.

Manche Reaktionäre rebellieren nur gegen
Überangepaßtheit an Veränderungen von morgen.

Faulpelze arbeiten nur daran,
sich vom Schreiben ihrer Wunschzettel auszuruhen.

Zivilcourage ist die Fähigkeit, Ja zu sagen,
wo Chefs und Kollegen Nein sagen.

Ist der Mensch die Krone der Schöpfung,
dann ist Tyrannei ein Aufstand
gegen die allgemeine Monarchie.

Alle Mitmenschen der Welt haben eins gemeinsam:
sie sind nicht ich.

Fanatismus ist ein tödlicher Gewißheitsbiß.

Mancher sieht die Realität nicht,
weil kein Ich ihm den Blick darauf verstellt.

Wer alles bekam, was er sich in seiner Jugend
nur wünschte, wünscht sich doch zu ihr zurück.

Der Franzose besiegt seine Nebenbuhler,
der Deutsche die Frau selbst.

Seit der Vertreibung aus dem Paradies
vertreibt der Mensch Paradiese.

Leben heißt Fehler aus Lehren ziehen,
die aus Fehlern gezogen sind.

Würde Gutes zu tun ihm nicht guttun,
wäre der Mensch längst ausgestorben.

Heute sind mehr Menschen engagiert,
als es Rollen zu spielen gibt.

Engagement ohne Gage, ja,
aber geh nicht in die Partei, die du ergreifst.

Das tödlichste Labyrinth ist die Kreisbahn.

Seid klug wie die Schlangen,
die den Paradiesapfel auch nicht selber aßen.

Noch heute schaffen Eltern ihre Kinder,
und Kinder schlagen nach ihren Eltern.

Mann und Frau fallen einander erst in die Arme
und dann in die Hände.

Erst kommt das Fressen, dann die Philosophie
des Fressens und das Scheißen auf die Mm-oral.

Findet, so werdet ihr gesucht.

Fortschritt besteht darin, daß wir immer besser wissen,
warum die Welt immer schlechter wird.

Dein Verstand ist nur so groß wie dein Verständnis
für meinen.

„Das hätte ich mir nie träumen lassen!"
„Wo lassen Sie denn träumen?"

Idealisten fragen, wozu Materialisten leben.
Diese fragen, wovon jene leben.

Auch das Lachen über Flüsterwitze ist zu flüstern.

Die Liebe kann einen Mann so blind machen,
daß er seine Frau mit dem Blindenstock verprügelt.

Wir trennen uns von Bindungen oft nur so, daß wir
zeitlebens an unsere Trennungen gebunden bleiben.

Aus jeder Falle gibt es einen Ausweg,
aber nicht aus jedem Ausweg.

Ein zweifelhaftes Individuum, das nachdenken will,
ist eine Dreifachbegabung.

Vergeht die Zeit auch noch so schnell,
es glückt uns doch, sie totzuschlagen.

Niemandem kommst du so nahe wie deinem Todfeind.

Humanisten hoffen nur noch auf die Zeit,
wo Roboter wegrationalisiert sein werden.

Theorie und Alltag haben eins gemeinsam : die Farbe
Grau. (Aber auch ihr Grau in Grau hat Grauzonen
und grauenvolle Grautöne.)

Descartes 2000 : Ich denke dein, also bin ich dein.
Ich verzweifle, also bin ich noch, und ich gedenke,
also bin ich gewesen. – *Cogito ergo Bumm!*

Als Dummkopf gilt nur,
wer das Pulver auch nicht erfunden hätte.

Liebe deine Feinde, ja, aber gleich heiraten?

Moral heißt: Du sollst dir und mir kein Ich für ein Du
vormachen, und umgekehrt.

Wissen ist Macht : Anarchisten predigen Dummheit.

Das Allgemeingültige, das für alle gelten soll,
gilt gegen jeden Einzelnen.

Um dem Gebot der Feindesliebe zu genügen,
genügt oft Eigenliebe.

Der Feige erträgt seine Feigheit,
wenn er den Mutigen einen Utopisten nennt.

Aufklärung heißt : Früher hatte man Gespenster,
heute nicht einmal Geist.

Die ungenießbarsten Giftpilze sind die Glückspilze.

Wir denken, wie wir lieben :
selten zu oft und oft zu selten.

Nur die mit keinem Talent Begabten fühlen sich
wie geboren zum Leben.

Ein Philosoph ist ein Mensch, der andere lieber
im Denksport schlägt als im Affekt.

Der eine schützt sein Gehirn vor Gedanken
und ein anderer mit Gedanken.

Utopien? Ich träume nur von ungünstigen
Umständen für schlechte Erbanlagen.

Freie Natürlichkeit ist meistens
nur ungezwungene Geistlosigkeit.

Wer Vorurteile bekämpft,
erliegt oft nur den Vorvorurteilen.

Die Jugend träumt vom Handeln,
das Alter handelt mit Träumen.

Die meisten Illusionen machen wir uns
über die der Mitmenschen.

Frauen kämpfen nur gegen Männer,
die nicht mehr um sie kämpfen.

An der Oberfläche bleiben wir so gern,
weil wir uns dort noch voneinander unterscheiden.

Gesellschaft heißt : Leute müssen einander ertragen,
die es mit sich allein nicht aushalten.

Nostalgie lebt von der Ahnung,
daß man mit dem bißchen, was man heute hat,
wenigstens früher beneidet worden wäre.

Du bist von der Gesellschaft ja vielleicht
irgendwo unabhängig. Aber wie steht es
mit deiner Unabhängigkeit selbst?

Alle sagen, ich sei frei. —
Damit ich mich nicht befreie.

Nichts, was du tun kannst, ist originell.
Aber *daß* du es endlich tust.

Die Gedanken sind frei?   Nur dieser.

Die Gedanken sind frei. Das ist der Beweis,
daß niemand denkt.

Ein schlechtes Buch ist schneller geschrieben
als ein guter Aphorismus.

Die Freiheit der Gedanken ist ein schöner Gedanke.

1000000. Wer die Nummer Eins sein will,
sucht Nullen als Anhänger.

Ein Denkmal allen Denkmalsschändern !?

Steckenpferde zu sammeln,
ist das Hobby aller Hobbies.

Schüchterne können etwas nur zeigen,
indem sie verbergen, daß sie es verbergen.

Selbsterkenntnis ist schwer, nicht, weil man sich selbst
zu nahe steht, sondern weil da wohl einer ist, der erkennen möchte, aber keiner, der zu erkennen wäre.

Die Selbstaufopferung des Individuums
wird nur deshalb für Individualismus gehalten,
weil sie so selten ist.

Wie gut muß ich sein, daß ich mich
für so schlecht halte, und wie gut du dich findest,
sobald du Gutes an mir findest!

Heißt gerecht sein dem gerecht werden,
wodurch keiner sich vom anderen unterscheidet?

Einige halten es für den größten Vertrauensbeweis,
sich vor dem anderen gehen zu lassen ohne Angst,
daß er geht.

Pflichten werden Neigungen,
wenn Neigungen zu Pflichten werden.

Warum werden wir gern und dauernd zu Teamwork
angehalten? Man schmeichelt uns, daß wir überhaupt
etwas anderes wollen, als dem Herdentrieb zu folgen.

Liebe macht blind — für die eigenen Reize.

„Es ist doch nichts dabei."
Ja, wozu dann bloß die Geschlechter befreien?

Weniger Kopf wollt ihr heute?
Seid ihr denn je mehr als nur Bauch gewesen?

Was den Kopf nicht kostet,
das kann keiner gewesen sein.

Nicht jeder, den niemand will,
ist kein verkanntes Genie.

Armut ist nicht das Schlimmste, aber der Ehepartner
eines Genies muß immerhin mit dem geistigen
Existenzmaximum auskommen.

Objektiv sein heißt, eine Satire gut finden zu müssen,
nur weil man ihr Objekt ist.

Lebensweisheit ist ein Gedankengang nach Canossa.

Verbrecher sind selten so edel, wie sie böse tun,
und Heilige nie so übel, wie sie gut tun.

Du willst gut und besser werden.
In welcher moralischen Sportart denn?

Nicht verantwortlich? – Du kannst etwas dafür,
daß du für alles nichts kannst.

Liebe deine Feinde und schlucke Antidepressiva!

Die unerträglichste Eitelkeit
ist die aus Eitelkeit versteckte.

Übervölkert ist die Erde immer nur von solchen,
die sie für übervölkert halten.

Zivilisation heißt, daß die schönsten Frauen nicht
mehr automatisch den kühnsten Männern gehören
und die kühnsten Dinge von den größten Feiglingen
auf bloßen Knopfdruck vollbracht werden.

Bei Selbsterkenntnis tröstet der, der erkannt wird,
sich mit dem, der das tolle Erkenntnisvermögen hat.

Mancher Eifersüchtige will nur
für seine blühende Phantasie bewundert werden.

Wer anderen keine Fundgrube gräbt,
wird seinen Kram nie los.

Mancher hat nur den einen Gedanken,
er habe einen Kopf am Hals.

Durch Sachschaden wird man klüger
als durch Dachschaden.

Frisch gewagt ist halb zerronnen.

Der Stein, der dir vom Herzen fällt,
liegt vielleicht deinen Freunden im Weg.

Konservative schwimmen gegen den Strom der Zeit.

Damit begann alles : Kain und Abel hatten das Pech,
keine Großeltern zu haben.

„Ich gehe meinen eigenen Weg." —
„Weiter nicht?"

Leute, die dir folgen oder dich verfolgen,
sind oft nur jene, vor denen du gerade davonläufst.

Mancher liest Zeitungen, um nicht an Neuigkeiten
von morgen denken zu müssen.

Älter werden heißt, abgestreifte Schlangenhäute
von Vorgängern anzuprobieren.

All meine Wünsche sind in Erfüllung gegangen.
Ich hätte ja nur gern andere Wünsche gehabt.

Heute ist nicht einmal Verlaß darauf,
daß Wegweiser vom Ziel wegweisen.

Gerichte rufe ich nicht an.
Die wollen doch immer nur Recht behalten.

Sire, geben Sie Gedanken
oder das Recht auf Gedankenlosigkeit!

Wirklichkeit ist wirklich nicht das Ideal jedes Ideals,
sondern das Wir-cliché.

Ich wurde nicht deshalb nie bestohlen,
weil ich arm bin, sondern bin ein armer Mensch,
weil ich nie bestohlen wurde.

Das Beste ist der Feind des Guten?
Liebe deine Feinde!

Moral wäre das Ziel unserer Wünsche,
wenn wir keine hätten.

Auch (Ab- und Zu-)Neigungen sind Gefahren
für den aufrechten Gang des Menschen.

Nur alte Leute haben jedes Lebensalter zugleich.

Optimisten glauben, daß wir in der schlechtesten
aller Welten leben und es schlimmer gar nicht mehr
kommen kann.

Die Frau sei dem Manne untertan. Sie soll seine
Gedanken nicht Tag und Nacht beherrschen;
er hat auch noch zu arbeiten.

Die meisten Menschen zwingen die Sachen,
Sachzwänge auf sie auszuüben.

Das Leben ist der Sinn der Frage nach seinem Sinn
und eine Konzentration auf Ablenkung vom Plansoll.

Unmoral ist der spießige Versuch von Spießern,
nicht spießig zu sein.

Das Gewissen ist der starke Reiz, allen Reizen zu
widerstehen. Es macht, daß ich mich schlecht fühle,
wenn ich mich gut fühle, und es mir nur guttut,
wenn es mir schlechtgeht.

Güte ist die Tugend, sich hereinlegen zu lassen, um
zu beweisen, daß andere Menschen schlechter sind.

Handeln ist ja nicht doppelt so viel wert wie Denken,
weil der Mensch halb so viele Köpfe wie Hände hat.

Gut ist etwas, wenn (mir nützt, daß) es anderen nützt.

Angst mußt du nur haben vor der Angst,
die du machst, um keine zu haben.

Die Moral wird heute verdrängt —
von unserer Leidenschaftslosigkeit.

Unsere Sinne sind immer noch offen
für die freie Natur : Wir haben Tomaten auf den Augen
und Bohnen in den Ohren.

Sag mir, wohin deine Kinder wollen, und ich sag dir,
woher deine Eltern kommen.

Fortschritt heißt nicht, nach dem Tode weiter zu sein
als vor der Geburt.

Erfindungen bringen Erfinder in Not,
die erfinderisch macht.

Der Tod ist nicht die häufigste Form, nicht zu leben.

Die Welt ist so unvollkommen, daß selbst ihre
Unvollkommenheit noch unvollkommen ist :
sie läßt sich verbessern.

Jeder ist verantwortlich für eine Welt,
in der niemand für irgendetwas verantwortlich ist.

Die Gesellschaft macht den Menschen zu dem,
der sie so macht, wie sie ist. Oder macht er sie so,
daß sie ihn zu dem macht, was er von Natur aus ist?

Der Weise schaut herab auf das, was über ihm ist,
indem er aufschaut zu dem, was unter ihm ist.

Niemand ist so zerknirscht, daß er nicht wenigstens
stolz wäre auf sein intaktes Gewissen.

Manche nähern sich Gandhi nicht weiter,
als ihn zu verehren.

Jeder lebt in einer anderen Menschheit, nur Krüppel
mißhandeln Krüppel, und jeder liebt seinen Feind
nur so, wie er seinen Gott fürchtet.

Ziele und Pläne sind die Träume der Realisten.

Wer lebt, hat es aufgegeben aufzugeben
(z.B. das Rauchen).

Liebe dich selbst wie deinen Nächsten.
Das würde genügen.

Glück ist die Verschnaufpause, die dir das Schicksal
zwischen zwei Schlägen zur Regeneration deiner
Schmerzempfindlichkeit läßt.

Moderne Genußmenschen sind Leute, die uns die Lust
am schlechten Gewissen mißgönnen und den Armen
ein Leben in Saus und Braus empfehlen.

Geschichte ist Fortschritt
im Bewußtloswerden der Unfreiheit.

Hoffnung ist die beste Form der Unfähigkeit,
ein guter Verlierer zu sein.

Kreativität? Do-it-yourself,
was die Industrie besser kann.

Unser wahres Gesicht ist eine Maske über einer Maske
und unter einer Larve, die sich entpuppt.

Realität ist die Konfektionsgröße der Wahnwelt
für die Mehrheit außerhalb der Irrenanstalten.

Wer einen Grund braucht, nichts zu tun, wird wohl
Skeptiker, also ein Mensch, der sich allzu gewiß ist,
daß alles viel zu ungewiß ist, um handeln zu können.

Moderne Freiheit ist eiserner Zwang
zur Ungezwungenheit.

Utopische Utopien sind Träume von einer Welt,
in der man nicht mehr träumen müßte
und es eine Sünde wäre, nicht zu sündigen.

Die Vergangenheit ist auch noch nicht das,
was nicht mehr da ist, und die Zukunft auch nicht mehr
das, was noch nie dagewesen ist.

Meine Weltanschauung ist das, was ich von der Welt
weiß, ohne sie anzuschauen.

Der Wille ist das beste Mittel,
um den Widerwillen anderer zu erregen.

Du veränderst die Welt nicht, damit sie nicht so bleibt,
wie sie ist, sondern damit sie nicht verändert wird
von anderen.

Als Gott den Menschen machte, vermachte er ihm
in zwei Testamenten, die einander anfechten,
nichts als nur Schuld. Aber er vergibt — Credos.

Der Mensch denkt sich aus, Gott lenkt ein.

Spiritismus? Leibhaftverschonung.

Meine Ideale sind so hoch über mir, daß ich sie nicht
mehr sehen kann, bis mir eins auf den Kopf fällt.
Andere haben ihre höchsten Ideale unter sich.

Wir haben umso mehr Angst vor dem Atomkrieg,
je weniger der an unserem Leben ändern würde.

Sicher herrscht jetzt der Kultus der Gefühle nur, damit
Gedanken wieder einen sündhaften Genuß bereiten.

Jugend ist Nihilismus, weil sie Zukunft hat,
und Greise sind Utopisten, weil sie keine haben.

Konservative leben in alten Jugendträumen, Jugend
ist Hoffnung aufs Alter, das von Träumen träumt.

Die Autonomie der Person hat die Stufe
des automobilisierten Autismus erreicht.

Nur das Opfer seiner Triumphe ist Sieger
über seine Niederlagen und umgekehrt.

Denken heißt, sich selbst in den Arm fallen,
um nicht sich und anderen in die Hände zu fallen.

Lateinisch 'liber' bedeutet : 1.) frei   2.) Buch.
Man hört immer nur von Freiheit.

Utopia heute : Nur nicht die Fehler
der jüngsten Vergangenheit wiederholen!

Der Staat wird erst absterben,
wenn ihm verboten wird, irgendetwas zu erlauben.

Guter teurer Rat an die Armen :
Mehr Sein als Scheine, bitte!

Wer einen Menschen loswerden will,
trete ihm nur zu nahe.

Man muß kein Arzt sein, um das Gehirn eines Genies
als bösartigen Tumor zu behandeln. (Hand aufs Herz:
Auch schon Fortschrittmacher eingesetzt?)

Gewissensangsthasen gehen nicht in sich,
sie rennen in sich.

Mit Aphorismen gegen alle -Ismen!

Gestern hieß es : Mehr Sex und weniger Kinder!
Heute gibt es weniger Liebe und mehr Menschen.

So recht diskutieren läßt sich nur mit Leuten,
die Unrecht haben.

Theorie & Praxis. Was du dir ausdenkst,
handelst du dir ein.

Wer Verantwortung hat, ist frei.
Wer frei sein will, will sie loswerden.

Allgemeine Gleichheit ist gleiches Recht aller auf
ihre Ungleichheit, aber mancher unterscheidet sich
vom anderen nur dadurch, daß er neben ihm steht.

Nur Geschichte, aus der wir gar nichts lernen wollen,
müssen wir selber machen.

Demokratie heißt, daß Reformen
von reformbedürftigen Institutionen ausgehen.

Früher fühlten wir uns schuldiger,
heute unschuldiger. Immer ohne jeden Grund.

Wer das Unrecht tut, es zu (er)dulden,
erleidet nicht das Unrecht, es zu tun.

Kapitalismus heißt : Dein Gemeinsinn nützt dir,
dein Egoismus nützt anderen.

Trägt der des Kaisers neue Kleider,
der ihn nackt sieht?

Mancher liebt seine Feinde so sehr,
daß er mit ihnen noch neue zeugt.

Ein Mann, der keine Frauen vergewaltigt,
gilt heute schon als attraktiv.

Wer schützt ein Kind vor Abtreiber(inne)n, die es
vor Giftmüll und Atomkraftwerken schützen wollen?

Sex schützt vor dem Alter, aber Alter nicht
vor Lieblosigkeit — sagen alte Sexforscher.

Wer seine Faust ballt,
kann keine Fünfe gerade sein lassen.

Im Paradies durfte Eva nicht die Wahrheit, im Bett
aber ihren Adam erkennen. Wenn wir alle von Adam
und Eva abstammen, ist jede Liebe verbotener Inzest.

Der männliche Trieb zur Versachlichung aller Triebe
ist nicht sehr sachlich.

Greise fühlen sich immer zu jung, um unter Greisen
zu leben, aber gerade darin besteht ja ihre Vergreisung.

Ein Gott schützt uns vor den Göttern besser
als eine Frau vor den Frauen.

Eins hat Gott mit Heiden gemeinsam:
Auch Er tut so, als existierte Er nicht.

Der wahre Dichter entwirft nur die Gesellschaft,
in der er besser schriebe.

Wer Verkannte aus dem Dünkel und Dunkel zieht,
setzt sich dadurch ins rechte Licht.

Wer seine Grundsätze über Bord wirft,
will sein Lebens- und Kirchenschiff auf Grund setzen.

Um die Gesellschaft fliehen zu wollen,
muß man kein sterbender Dickhäuter sein.

Jedes Podest, von dem wir zu Leuten sprechen,
besteht aus Leichen von ihnen.

Ich möchte noch einmal so jung sein,
wie ich damals so alt sein wollte, wie ich heute bin.

Ich will nicht immer nur Recht haben. Ich gebe dir
z.B. zu, daß ich immer nur Recht haben will.

Wahrheit ist eine Minderheit,
die eine Mehrheit terrorisiert.

Ich werde schon von mir abgelenkt, wenn ich
nur lesen muß, daß ich mir treu bleiben soll.

Keine Regel ohne die Ausnahme,
daß die Regel auch einmal gilt.

Der Erste ist immer der, der die anderen nur aufhält.

Heute wollen Lehrer Leben in die Schulen bringen
und verschulen nur das Leben.

Verwandte und Untergebene werden geduzt,
Vorgesetzte und Unbekannte gesiezt.

Die Vernunft warnt uns davor, immer zu vernünftig
zu sein. Keine Leidenschaft warnt uns davor,
zu unvernünftig zu sein.

Ein großes Kunstwerk hat mehr Liebhaber,
als jeder von ihnen Kunstwerke liebt.

Jeder meiner Ideen bin ich nur überlegen
durch die Kraft, noch andere zu haben.

Lieber vom bösen Körper bedrängt sein
als von allen guten Geistern verlassen!

Jeder vertritt nur seinen Stand. Punkt.

Die Tage des Menschen sind gezählt,
die Geburtstage der Frauen nicht.

„Heute ist alles erlaubt". Dann muß auch erlaubt sein,
das zu verbieten.

„Das Leben ist nur ein Traum"
vom Überleben oder von Traumdeutern.

Wird's bald, los, los, ganz schnell her mit der Geduld!!

Was du mehr bist als ich, erkenne ich nur durch das,
was ich mehr bin als du.

Autisten und aller Länder, vereinigt euch
gegen die Kommunikationsforscher!

Christentum ist die Tugend,
aus dem Tod eine Jugend zu machen,
hat aber zu viel Geduld mit allem Überirdischen.

Wer sich für die Idee opfert,
daß keiner für Ideen sterben soll, war ein Philosoph.

Freiheit ist das Schicksal,
das sich das Schicksal selber bereitet.

Vertrieben wirst du vor allem aus dem Paradies,
das du dir aus der Paradiesvertreibung gemacht hast.
Wer nicht vom Paradies träumt, kann trotzdem in der
Hölle sitzen, und im Paradies wird vor allem von der
Hölle gesprochen.

Feminismus heißt, auch weibliche Täter sind immer
noch Opfer der männlichen Opfer von Männern.

Je schlechter ihre Ehen sind, desto schlechter sprechen
Laien von ehelosen Priestern, und Mönche werden am
besten verstanden von glücklich Verheirateten.

Der kleine Tod? Wir haben immer nur das eine Ziel,
keins mehr zu haben.

Berufung auf gesunde Instinkte
ist nur ein schlechter Kulturersatz, aber Kulturlosigkeit
ein noch schlechterer Instinktersatz.

Wer nur an seinen Kopf denkt,
muß nicht der Klügste sein.

Selbstmord ist verboten,
weil ein toter Diener ein unnützer Diener ist.

Der moderne Pazifismus ist ein Kampf
von Friedensäxten und Kriegspfeifen.

Mancher treibt seinen Preis nur in die Höhe,
weil niemand ihn geschenkt nimmt.

Früher war es der Glaube, der Berge versetzt,
heute ist es die Atombombe.

Können Dumme sich dümmer stellen
und Kluge klüger, als sie sind?

Eine Welt voller Technik ohne Ethik
braucht nicht mehr Moral ohne Verstand.

„Bewußtseinserweiterung" ist immer Vorübung
für bewußte Expansionspolitik.

Der übliche (überlebende) Selbstmörder
bringt nur den um, der sich umbringt.

Weisheit ist ein Wegweiser
mit vier gebrochenen Armen nach unten.

Wäre Gott uns vertraut wie ein Vater,
würden wir ihm wenig anvertrauen.

Ein Humanist ist ein Mensch, der Gespräche von
Gläubigen mit ihrem Gott auch dann für sinnvoll hält,
wenn es Selbstgespräche sein sollten.

Die Menschheit zerfällt in zwei Gruppen : Die einen
geben Goethes Meinungen für ihre eigenen aus
und andere ihre eigenen Meinungen für die Gottes.

Wer am Ziel ist, hat deshalb noch nicht alle überholt,
und umgekehrt.

Vom Haben zum Lachen ist es nur ein Schritt.

Immer mehr Menschen wollen,
daß immer weniger Menschen leben.

Das Schlimmste an Nietzsche ist gar nicht sein Übermensch, sondern daß sich sein Leser dafür hält.

Seit Erfindung des Kinos hat jedermann 24 Weltbilder
pro Sekunde.

Natürlich sind Rechte für das Naturrecht : Nichts ist
straffer organisiert als das organisch Gewachsene.

Der Mensch lebt nicht vom Brot allein, auch der Bäcker und der Unmensch. Nur am Kuchen stirbt er nun.

Religionen sind Vaterschaftsklagen, die Mutter
Natur wegen der Menschenkinder anstrengt.

Infantilität?   Jungbrunnenvergiftung.
Kinder suchen Altbrunnen.

Was uns verbindet, sind die vielen verschiedenen
Wünsche, was uns trennt, sind die gleichen Wünsche.

Blonde Bestien kamen noch mit blauen Augen davon.
Deutsche leiden immer — nur nicht
an ihrer vegetativen Monotonie.

Kapitalisten machen Geld flüssig,
Sozialisten überflüssig.

Leibniz und Candide. Wollen wir in der besten
aller unveränderlichen oder in der schlimmsten
aller veränderbaren Welten leben?

Körper bilden Massen, Individuen den Geist.

Kopernikus? Wenn die Sonne aufgeht,
geht die Erde nicht gleich unter, und umgekehrt.

Selbst ist der Mann, der Mord, der Betrug,
die Befriedigung und das Bewußtsein.

Ab heute bist du nur noch Luft für mich. —
Ich kriege keine Luft mehr, Hilfe!

Die größten Feiglinge können immer noch
große Denker werden, denken Untäter.

Rechtgläubigkeit ist nur Ketzerei
gegen die Orthodoxie der Ketzer.

Arme haben ihren Hunger so satt
wie unsere bildungshungrigen Reden über ihn.

Vernunft war einst für wenige und Offenbarung
für alle. Heute gibt es die Unvernunft aller
und die Selbstoffenbarung einiger weniger.

Einst wollten Ärzte von psychosomatischen Leiden
nichts wissen. Heute reden sie von seelischen Ursachen, wenn sie die körperlichen nicht finden.

Der Mensch ist eher ein gehetztes Faultier
als ein gefangener Tiger.

Freiheit ist immer die Freiheit, an anderes zu denken,
oder anderes als Denken.

Kein Tier sammelt im Winter Eis und Schnee
für seinen Sommerschlaf.

Moderne Ehe ist die Fortsetzung
von Sexualverbrechen mit anderen Strafmitteln.

Eheleute von heute sind füreinander Engel —
mit dem Flammenschwert und ihre Kinder
ihre Abtriebwerke.

Der Tod ist die Sonne des Lebens :
Belebend wirkt er nur aus der Ferne,
und man kann ihm nicht ins Gesicht sehen.

Seit Kant läßt sich das Meinen und das Sein schwerer
miteinander verwechseln und sehen manche Dinge
an sich nur so aus, als wären sie sichtbar.

Revolution sollte mehr sein als Massenmord
von Millionen an Millionären.

Eine Utopie ist der Traum, es möge künftig noch
Zukunftsträume geben, und nichts ist utopischer
und widerwärtiger als ewige Gegenwart.

Religion heißt nicht, daß Herr und Knecht
sich im Unendlichen treffen werden.

Der Dumme ist immer der Klügere, der ihm nachgibt.

Im Menschen wächst ein Engel über sich hinaus,
wo ein Tier hinter sich zurückfällt.

Aus dem Begriff eines Gottes folgt noch nicht seine
Existenz, ja, aber aus der Existenz eines Menschen
auch nicht, daß er von irgendwas einen Begriff hat.

Wer sich von keiner Religion mehr bevormunden läßt,
kann immer noch minderjährig sein
oder unzurechnungsfähig.

Dimensionen : Alles wird lang und breit zerrredet,
und was uns zu hoch ist, das nennen wir Tiefe.

Das Ungefähre ist gefährlich, das Übliche reizlos
und Übelkeit brechreizend.

Alpträume sind die Abschäume der Menschheit.

Anständiger Abstand vom Gegenstand ist Verstand
oder Wohlstand oder Ruhestand.

Sie verliebte sich in ihn, um nicht von ihm belästigt
zu werden, oder ließ sie sich von ihm vergewaltigen,
um ihn nicht lieben zu müssen?

Pessimisten halten Optimisten für Drogensüchtige,
aber Mansardenbewohner des Weltgebäudes,
die die Kellerräume für die Hölle halten,
sind noch keine Idealisten.

Ordnung ist die Freiheit, die die Freiheit sich selbst
nimmt. Freiheit ist das Schicksal, dem das Schicksal
selbst unterworfen ist.

Wer befreit wurde, ist unfrei, und frei sein heißt,
sich selbst zu binden.

Ein Politiker lebt von der öffentlichen Hand
aus dem Mund.

Arbeitsteilung ist wie Geschlechterkrieg : Immer gibt
es da bessere Hälften, und ein Ganzes wird daraus nie.

Kritisiere „konstruktive Kritik" als Schmeichelei,
die nur verderben soll.

Kritiker vermehren sich durch ungehemmte Urteilung.

Grundgesetz des Kapitals : Eine Zinsur findet statt.

Die Hauptsache ist für Idealisten nur eine Sache
des Hauptes, das die Hauptrolle spielt;
Materialisten kommen zur Nebensache
und Fromme zur Überhauptsache.

Erbsünde heißt nicht, daß die Unschuld, die Jungfrau
und Jüngling verlieren, auf ihr Kind übergeht.

Dein Infarkt ist zwar nur eine kleine Aufmerksamkeit,
kommt aber von Herzen deines Feindes.

Wer trinkt, bis ihm nicht mal mehr eine Laus
über die Leber zu laufen wagt, ist Alkoholiker.

Descartes 2000 : Cogito, ergo dumm.
Ich denk an dich, also minn ich.

Um Gespenster zu sehen, genügt es nicht, anwesende
Leute zu übersehen, und um reale Menschen wahrzu-
nehmen, genügt es kaum, an Geister nicht zu glauben.

Nationalismus ist militarisiertes Heimweh
nach dem Ausland als Fernweh nach der Heimat.

Luftschlösser?
Ein Linker, wer auf Sand im Getriebe baut.

Zwei Narren machen einen dritten, sang der Kastrat.

Scherben bringen Glück und Glas,
wie leicht bricht das.

Der feine Herr macht seine Perle zur Sau,
die er ihr vorwirft.

Wer dessen Grenzen sieht,
muß nicht zu viel Intellekt haben.

Man muss die Überlegung und Überlegenheit hübsch
beim Kopf lassen.

Wer die Froschkönigperspektive aus der Vogelscheuchenperspektive betrachtet, ist noch kein Philosoph.

Ein Spießbürger ist ein Mensch, über dessen Horizont
nur geht, daß etwas über seinen Horizont gehen soll.

Jeder neue Erdenbürger ist eine Ausnahme —
wenigstens von einer Monatsregel.

Arbeitgeben ist seliger als -nehmen,
und jetzt nehmen sie einem auch noch die Armut.

Wenn die mediterrane Ratio weg ist,
fängt die deutsche Gemythlichkeit richtig an.

Moderne Ehekrisen unterscheiden sich von früheren
dadurch, daß sie keine Beischlafmittel sein wollen.

Atombusen der Sexbomben, Kuß-**B**akterien und Kos-
metik-**C**hemie : ABC-Waffen der Frau sind geächtet.

Lieber eine Gewissenschaft von Gott
als an die Wissenschaft glauben müssen.

Wer den Geist(reichen) nicht ehrt,
ist den Leib(haftigen) nicht wert.

Family? Mapa, Pama und halbabgetriebenes N-ich-ts.

Die Abwehr der niederen Kräfte und unteren
Schichten wird von Neurotikern rationalisiert
und von Politikern nationalisiert.

Materialismus ist Reduktion von Realitätsbezug
auf Jahresbezüge.

Der Unterschied zwischen Schule und Leben?
Gute Zensur.

Beim Aphorismus
ist zwischen dem Zeilenhonorar zu lesen.

Nur Analphabeten sind scharf auf Bücher.

Alles geht in die Binsenweisheit,
jeder Hals finde seine Gräte.

Hans und Grete verbindet nur noch
humussexuelle Sieotik.

Gegenliebe? *Amor*tisierung einer Transvestition.

Erektion ist die Aufrichtigkeit des Mannes.
Seine Sinnlichkeit hat Sinn für Höheres.

Ein Verhältnis ist etwas, wo das Es dem Mann abenteuer zu stehen kommt.

Der neue Irrationalismus : *mundus vult anticoncipi*.

Die Zwecklosigkeit heiligt die Mittelmäßigkeit.

Die Idee, Ideen seien nur Stoffe für die Interessenverkleidungsindustrie, ist ein gutes Alibi, keine zu haben.

Die Natur des Kopfes ist der Horror des Vakuums
vor der Füllung.

Jetzt endlich mal? — Ach was, immer noch unendlich.

Der Mensch hat lieber einen Häuptling als Köpfchen
— sagen die Kopflosen.

Conscience fiction: Die besten utopischen Romane
wären Tatsachenberichte über jüngste Vergangenheit.

Unabhängig nur,
wer die anderen im Lebenslauf abhängt.

„Was hat Christus denn versprochen?" — „Sich".

Selig sind die mit den Glatzen auf den Zähnen
ohne Haar in der Suppe.

Die meisten kommen mit und gegen den Strom
ins Schwimmen.

Wer beim Arzt Aaaa sagt, muß auch B handelt
werden, und wer als Kind A-a sagt,
muß später auch Bäh-bäh sagen.

Der Selbständige steht mit beiden Beinen
auf mehr als eigenen Füßen.

Dem modernen Menschen ist einerseits selbst
ein einseitiges Buch noch viel zu vielseitig und
andererseits das Buch seiner eigenen Natur zu hoch.

Wer ist schon blind für die Blindheit aller anderen?

Eine Gemeinschaft geht selten aus dem Leim,
auf den ihr die Mitglieder gehen.

Gehirntumor ist, wenn man trotzdem denkt.

Der Zahn des Zeitgeistes :
ein überkrontes Gewissensgebiß.

Muttersöhnchen?   M a m a n n.

Für Ärzte ist der Tod die natürlichste Sache der Welt.

Eine Versuchung, der du widerstehen konntest,
war gar keine.

Nur die Leidenschaft für Vernunft
geht mit den Philosophen nicht mehr durch.

Jeder sieht heute aus wie ein Irrer,
der eigentlich ganz normal aussieht.

Demokratie ist gleiches Recht aller auf Privilegien
oder Privileg weniger auf gleiches Recht gegen alle.

Wenn es wenigstens noch Herren-
und Übermenschenfresser gäbe!

Das 'einfache Leben' wäre durchaus bezahlbar.
Der Bildungsetat würde dann ja frei.

Hic Hamburg, hic non salta!

Der 'Arbeiter der Faust' habe die Stirn,
'Arbeiter der Stirn' zu werden,
um ihn zum Teufel zu schicken, ans Fließband.

Atheismus : Daß alles nur relativ ist,
gilt auch nicht absolut.

Das liebe Ich heißt, daß das Nahe das Große ist
und das Kleine das Ferne.

Der Staat ist ein herrliches Mittel der Herrschaft
weniger über alle, die sich nicht selbst beherrschen
können, in deren Auftrag.

Das moderne Leben ist Kampf ums Dabeisein : Linke
kämpfen ums Dagegensein, Rechte ums Damals-
und Davorsein und Christen nicht ums Daruntersein.

Am leichtesten fällt der Deutsche
und den Deutschen die Schwerfälligkeit.

Einsamkeit ist eine Last, wenn du jemand bei dir hast.

Es genügt nicht, eine Larve zu tragen, die durch keine
zweite maskiert ist – oder durch nacktes Gesicht.

Astronomie ist Angriff auf die Sterne,
Astrologie ist Griff nach den Stirnen.

Hobbes : Homo homini ludus et luxus, lucrum et lutum.

Liebe deine Feinde und wünsche ihnen freie Frauen
und Freifrauen an den Hals.

Die Herren im Hause des HErrn leben herrlich
und in Freudenhäusern.

Die Herrscher aller Länder arbeiten an der Begrenzbarkeit des Atomkriegs auf Proletarier aller Länder.

Aphorismen sind Mikroprozessoren,
die Geistesarbeitsplätze vernichten sollen.

Immer ein Platz an der Sonne? Vorsicht, Hautkrebs!

Ratio in kleinsten Rationen. Ein Aphorismus ist ein Auseinandersatz, der viele Worte verliert: die kürzeste Verbindung zwischen zwei Verstandpunkten.

Schottenwitze unter den Essays. Aphoristiker hängen am Minirockzipfel der Muttersprache, und vor Aphorismen ist Logik nur Logorrhoe.

Die Deutschen sind vor allem schuld, die Schuld der Welt auf sich zu nehmen, und das typisch Deutsche besteht darin, es zu hassen.

Der Aphoristiker opfert einen Witz nur einer Sache, die er dem Witz an der Sache opfern kann.

Wer den Stein der Weisen findet,
steinigt damit seine (nase)weisen Gegner.

Jeder ist heute so verrückt,
daß er nach keinem anderen mehr ganz verrückt ist.

Die älteste Zukunft ist besser erforscht
als die jüngste Vergangenheit.

Leben : Alles bringt dich auf die Palme und dann nur auf die Idee, schnell wieder auf den Bombenteppich zu kommen.

Der Himmel ist ein großes Nichts, aber vielleicht auch
umgekehrt das völlige Nichts ein Himmel, gemessen
an der Hölle, vor der es uns nach dem Tode bewahrt.

Künstler verhalten sich zu Politikern
wie Gemütsbewegungen zu Volksbewegungen.

Die Abstammung von Adam und Eva
schützt vor keiner Aff-inität zu den Affen.

Der Fernseher ist ein Ort des Rendezvous
von Voyeurist und Exhibitionist.

Unsere modernen Mönche fliehen die Versuchungen
des Geistes, kasteien ihren Kopf und verteufeln
die fleischlosen Genüsse intellektueller Naturtriebe.

Das Häßlichste an Deutschen
ist ihr kadavergehorsamer Selbsthaß.

Sire, geben Sie Denker, Denkmäler
oder wenigstens die Gedankenflucht frei!

Das Leben ist ein Traum, sagten die Alten —
und lebten. Träume sind Wunscherfüllungen,
sagte Freud – und träumte.

Feile an Aphorismen – die Gitterstäbe durch!

Jede Liebe will den Kopf verlieren,
in dem sie sich doch vor allem abspielt.

Eine Idee ersetzt viele Taten,
doch keine Untat auch nur eine untätige Idee.

Beifall aus der falschen Ecke ist noch kein Tadel
von der richtigen Seite.

Nur Reaktionäre wollen Revolutionen.
Sie wollen Reformen verhindern.

Wo spielt sich mehr ab,
zwischen deinen Händen oder zwischen deinen Ohren?

Über mich weiß ich fast alles und tu es nicht, aber der
Natur tu ich umso mehr, je weniger ich von ihr weiß.

Auch wer sich in gute Bücher vergräbt,
hofft auf künftige Archäologen.

Unser Geist denkt sich die Atome aus,
aus denen er entsteht und besteht.

Geschmack ist, wenn der letzte Gebäudeschnörkel
den ganzen Grundriß widerlegt.

Am schnellsten altert, wer jung bleiben will
durch Treue zu seinen Jugend-Idolen.

Jede Philosophie ist so wahr, daß nicht einmal
ihr Gegenteil falsch ist, und zugleich so sinnlos,
daß nicht einmal ihr Gegenteil mehr Sinn macht.

Wie soll der in sich gehen,
der nie aus sich herauskommt?

Früher beschimpften die Satten den gesunden Hunger,
heute giften die grünen Viertel gegen vergiftete Filets.

Christentum heißt, daß nur gefällte Bäume
in den Himmel wachsen.

Was man in den Beinen hat, darf man nicht im Kopf
haben, aber was man an Gedanken im Kopf hat,
hat man oft an Kalk in den Beinen.

Wer sonst nichts kann,
ist noch kein Fachmann für irgendetwas.

Alle wollen nur das Eine : Jedem das Seine,
auch mir das Deine.

Hunde, die den Mond anbellen,
beißen nie den Mann darin.

Die moderne Psychiatrie besteht darin, daß uns wohl
nur Neurosen vor den Psychosen und nur Psychosen
vor stinknormaler Gesundheit bewahren können.

Jeder gute Schüler legt sich verliebt
ins gemachte Prokustesbett seines Lehrers.

Eine Feministin ist eine Rippe,
die kein Mann selbst im Schlaf gern riskiert.

„Der Geist, der stets verneint", ist der Körper,
der stets bejaht, und der liebe Gott fragt uns
bis zum Tode die Seele aus dem Leibe.

Das würde genügen : Einer ertrage des anderen Lust.

Wer etwas begründet, will sich selbst beweisen :
Der Kluge gibt sich so reich, wie er zu werden hofft,
und der Weise so arm, wie er zu werden fürchtet.
Zeitloses geschieht täglich, Geschichte gab es ewig.

Kapitalismus : Keiner legt sich gern aufs Ohr,
über das er gehauen wird.

Denken fällt so schwer, weil es das Leben erleichtert,
und wer Wahrheit sucht, ist kein Utopist,
sondern eine Utopie.

Aphorismen sind verbindlich, weil sie unverbunden
sind : sie trennt, daß jeder Getrenntes verbindet,
und sie verbindet, daß jeder Bande zertrennt.

Kein Herdentier mischt sich in seine eigenen
Angelegenheiten, und der wahre Müßiggänger
beschäftigt sich nicht einmal mit sich selbst.

Solange Arbeitsfriede herrscht, wird Leben geführt
wie ein Krieg : Der Bürger krempelt die Ärmel
des Arbeiters hoch und legt sein Geld an (auf ihn).

Bürger gehen auf die Straße,
Arbeiter liegen schon dort.

Glauben ist ein Überleben durch Underkill, aber wir
brauchen keinen Gott mehr, wir können uns jetzt
selbst beherrschen, und damit der Knecht sich selber
zur Arbeit antreibt, läßt man ihn heute sein eigener
Herr werden.

Wenn der Mensch gottlos wird, wird Gott unmensch-
lich und das Elend in der Welt ein Alibi derer, die sich
nicht amüsieren können.

Das häufigste Sexualverbrechen am Mann
ist die Migräne seiner Frau, und weg mit dem § 218:
Trau keinem unter Null!

Wer nicht auf Venus fliegt, muß heute zur Venus
fliegen, aber das Raketenzeitalter macht
von der Schwerkraft viel zu viel Aufhebens.

Ich gehöre zur Minderheit, die nicht handeln kann
und trotzdem nicht aktiv ist; das Schicksal nimmt
auch meinen Lebenslauf, und Lebenserfahrung
besteht nur darin, sie für sich zu behalten.

Den Existenzkampf überleben nur kluge Tiere
und dumme Menschen, doch Geistesadel wohnt
gewöhnlich in Luftschlössern.

Ebenbild Gottes?
Wem von uns allen sieht Er nun wohl am ähnlichsten?

Hunde, die bellen, haben nichts zu beißen.

Die Jungen stehen auf (Aufständischen).
In der Jugend belebt uns noch die Lebensangst,
im Alter tötet uns schon eine Riesenfreude.

Gewissen schützt nicht vor Unwissenheit,
Ungewißheit nicht vor Zweifel, Zweifel nicht
vor Gewißheit und Alter nicht vor Fabriktorheit.

Die Massen sind Mobilisierungsmittel gegen demo-
kratische Mehrheiten, und moderne Rebellen fordern
vom Staat, von ihm gefördert zu werden.

Jeder macht sich von sich ein Weltbild und von der Welt sein Selbstbildnis, aber der Geist spiegelt weniger die Welt, als daß sie ihn spiegelt, und die Welt spiegelt nicht den Geist, sondern daß er sie spiegelt.

Wer auf demselben Standpunkt steht wie ich,
tritt mir auf Kopf oder Zehen.

Eden-tifiziere dich mit deiner Umwelt :
Vor Gott muß auch der Arme gut sein, vor Gottlosen genügt es, daß sie zum Armen nicht gut waren.

Nur die Nacht bringt Es an den Tag,
der Krebs wuchert mit deinen Pfunden, und oft schützt nur eine chronische Krankheit vor dem Tod.

Wer keine zeitsparenden Technologien entwickelt,
spart die meiste Zeit.

Für viele wäre es ein heißer Ansporn, wenn sogleich bei der Geburt eine Straße nach ihnen benannt würde
— auf Widerruf.

Nur dem Prüden ist Intimität noch jener Choc,
ohne den alles bald öde wird.

Psychologen-Ehe :
Liebe auf den ersten Blick durcheinander hindurch.

Heute liest man von Sprechhandlungen,
wie man früher von Buchhandlungen sprach.

Heiße Eisen werden nur mit kalten Eisen angepackt.

Mancher zwingt andere, ihn zu langweilen,
damit sie ihn nicht ängstigen, und umgekehrt.

Der Mensch vergeht mit der Zeit, mit der er geht:
Nostalgie ist Sehnsucht nach einer Zeit,
in der unsere Antiquitäten noch erschwinglich waren.

Moderne Gespräche sind di-alogisch, philosophische
Touristen erleben auf jedem Gebiet heute kostenlos
die tollsten Frag- und Denkwürdigkeiten.

Wer nur tadelt, um nicht als Schmeichler zu gelten,
der lobt auch nur. um nicht als Nörgler dazustehen.

Ich, dividiert durch dich, bin unendlich; ich liebe es,
wenn meine Feinde mich lieben, ich liebe Feindesliebe.

Ist das Urteil des Jüngsten Gerichts (mit dem Teufel
als Pflichtverteidiger) zur Bewährung ausgesetzt
oder der § 51 über die Welt verhängt?

Macht einer sich mal Sorgen, heißt es gleich,
er mache sich Gedanken.

Es gibt nirgendwo gute Ergebnisse
ohne gute Menschen, die sich ergeben haben.

Wer Abel sagt, muß auch Bebel sagen?
Von Moses zu Marx : Von der Frage nach den Geboten
zu Angebot und Nachfrage.

Alte sind gar nicht so konservativ : Läßt das Gedächtnis nach, erleben sie immer neue Dinge.

Nichts ist wandelbarer als die Sinnbilder der Unsterblichkeit und nichts unveränderlicher als die Symbole der Vergänglichkeit.

Rasender als jede fixe Idee
macht die mobilgemachte Einfallslosigkeit.

Unter den Tauben ist der Blinde König.

Wer die Frommen verschont,
hat noch keinen Bösewichtern geschadet.

Der Himmel auf Erden wird in den Ehen geschlossen.

Vielleicht ist völlige Talentlosigkeit nur deshalb so unerträglich, weil man sie mit zu vielen Menschen teilen muß.

Der Zwerg auf den Schultern der Riesen sähe weiter
als sie, wenn sie nicht längst unter der Erde lägen.

Dein Wunsch muß mir Befehl gewesen sein,
bevor dein Befehl mir Wunsch sein kann.

Wer keine faulen Reden mehr hören will,
will schon fleißige Untaten sehen.

Wer Gefängnisse öffnen will,
muß auch die Gefängnisküchen schließen.

Jeder ist ein lebenslänglicher Gefangener von Keim-,
Hirn-, Kloster-, Gummi-, Krebs- und Batterie-Zellen.

Wer der Gesellschaft schaden möchte,
sollte weniger für sich selbst tun.

„Was habe ich nur aus dir gemacht, daß du nicht mehr
aus mir gemacht hast?" – „Was hast du nur aus mir
gemacht, daß ich nicht mehr aus dir machte?"

Das Revolutionärste an dem gemeinen Volk ist sein
Traditionalismus, und das Reaktionäre an den Herr-
schenden war immer ihre fortschrittliche NeuGier.

Eine mißlungene Revolution schadet dem Armen
mehr als dem Reichen die gelungene.

Herren regieren nur auf unausdrücklichen Wunsch
ihrer Knechte, und Sklaven machen Revolutionen
nur auf ausdrücklichen Wunsch schwacher Herrscher.

Freud wurde Propagandist : Weil schöne Träume auf
eine häßliche Realität hindeuten, deuten unsere Alpträume auf eine gute und schöne Wirklichkeit.

Psychologen und Soziologen wollen nur herausbekommen, wie man aus Arbeitern mehr heraus-
bekommt, ohne daß sie das herausbekommen.

Wenn Europäer sich in buddhistische Meditation
versenken, entstehen übermenschliche Wracks,
die vom Grund der Welt nie mehr zu bergen sind.

Die Welt ist erst einmal dahin zu ändern,
daß sie sich überhaupt ändern läßt.

Sehen deine Gedanken dir ähnlich,
aber du nicht ihnen, bist du ein Idealist.

Voyeure?   Schaulustige Augenzeuger.
Ejakulation?   Ver-Lust, männlich ertragen.

Psychologik. Ich liebe dich, du liebst mich, also liebe
ich mich selbst. − Ich bin nicht du. Du bist nicht ich.
Also bin ich nicht ich, sondern du.

Modernisierte Deutsche lehnen sich nicht einmal auf
gegen die Aufforderung zur Auflehnung.

Ödipus bringt Papa um (Mama). Der Erdensohn
ist vergänglich, denn er vergeht vor Lust auf Mami
und sich an Papi.

Altruismus? Egoismus der Gemeinschaft.
Egoismus? Altruismus der Gemeinschaft.

Glauben heißt nicht wissen, aber nicht glauben
heißt gewiß auch noch nicht wissen.

Nadeln habe ich genug, aber wo ist nun
mitten in der Stadt ein Heuhaufen?

Lumpen rechtfertigen sich, indem sie leugnen,
sich erst rechtfertigen zu müssen.

Vom Erhabenen zum Lächerlichen ist es nur
ein einziger Schritt, und da wundern wir uns,
daß es mit uns nicht einen Schritt vorangeht.

Wer die Welt vom Kopf auf die Füße stellen will,
muß auf eigenen Füßen stehen.

Ich liebe dich nicht, weil du mir Gutes tust;
ich liebe, was ich dir Gutes tue.

Er wollte, daß sie ihm zu Willen war;
sie wollte, daß er ihr zu Villen war.

Anxiolytika machen mir Angst; ich wage nicht einmal,
im Wald laut zu singen.

Die Welt liegt nur im Argen,
das jeder im Schilde führt, sagen Schildbürger.

Ich liebe nicht meine Feinde, feinde aber wenigstens
mal meine Geliebte an.

Hegel : Aufgeschoben ist nicht vernichtet, aufbewahrt
und hochgehoben.

Miß dich an deinen Jugendidealen, um dich nicht mit
uns messen zu müssen, und umgekehrt.

Die Vererbungslehre vererbt sich nicht,
die Abstammungslehre stammt weder von Darwin
noch vom Affen ab, und nur die Evolutionstheorie
entwickelt sich weiter.

Freie Autobahn dem Sehnsüchtigen!

Heute muß man zu viel Geld verdienen,
um nicht zu wenig zu verdienen.

Keiner ist zu jung, um sich noch nicht langweilen
zu können, aber die Welt schon viel zu alt,
um noch langweilig zu sein.

Wer das Skelett durchleuchtet,
sieht erst wirklich die Haut.

Grau ist alle Theorie, aber sie malt wenigstens nicht
schwarz-weiß und wendet sich nicht von selbst an —
das Herz.

Wissen heißt, eine Frage nehmen
und das Fragezeichen streichen.

Marx wollte die Welt nur verändert wissen,
bis zur Erkennbarkeit der Wahrheit.

Der moderne Staat drückt schon mal beide Augen zu.
Aber wessen?

Die Gegebenheiten? Die Maßgeblichen
geben sie den Maßnehmlichen.

Materialismus ist Idealismus der Gehälter, Idealismus
ist Realismus der Geister.

Setze so viele Menschen in die Welt,
wie du um ihr Leben gebracht hast.

Kant auf Französisch : Handle nur nach Maximen,
die als Gemeinplätze von morgen gelten können.

1 = 1, Ich = Ich. Ist eins gleich eins oder später eins?

Zwischen Mann und Frau gibt es keine Versöhnung
mehr, sondern nur noch höhere Vertöchterung.

Reiche schauen gern durchs Schlüsselloch,
wie Arme durchs Schüsselloch gucken.

Der Arme ist Materialist, da er nur vom Materiellen
träumt, und Idealist, da er davon nur träumen kann.
Reiche können sich Idealismus oder Idealisten leisten
und Ideen kaufen.

Wer beweisen will, daß Linke immer versagen,
darf ihnen gar nichts versagen.

Adam *erkennt* seine Eva nicht mehr,
seit er nichts mehr von ihr wissen will.

Ein Praktiker unterscheidet sich vom Theoretiker
fast dadurch, daß er theoretisch nur handelt,
statt nur theoretisch zu handeln.

Aus Angst vor dem Nichts
gleich das All in Kauf nehmen?

Geschichte und Gesellschaft wurden das
Schicksal, vor dem sie bewahren wollten.

Künstler sterben für nicht weniger als
die (vergängliche Idee ihrer) Unsterblichkeit.

Das Leben nur zu betrachten, ist auch eine Abart,
nach ihm zu trachten.

Religion : Mit dem Ich, ohne das alles wie nichts
ist, ist es selber nichts.

Deine Freiheit ist immer die Freiheit des anders
Denkenden — dich zu befreien von deinem Kopf.

Ich denke, daß ich bin, also bin ich, was ich denke,
und ich denke, ich bin, also bin ich, der das denkt
— dachte Descartes bestimmt nicht.

Realist ist einer, der die guten Dinge so nimmt,
wie sie nie von selber kommen.

Ehe? Sie nimmt sein Geschlecht mit ihrem Gatten
in Kauf und er seine Gattin mit ihrem Geschlecht.

Die APO von 1968 machte in der BRD
die Gesellschaft erst gesellschaftsfähig.

Wie viele Gebete, die nie gesprochen wurden,
wohl erhört worden sind.

Wer sich der Welt öffnet, läßt die Wölfe herein,
und wer sich verschließt, hört später,
ein Engel stand vor der Tür.

Kernfusion, liebe Ganzheitsapostel,
setzt mehr dreckige Energie frei als Kernspaltung.

Christen müssen glauben, daß Christus sie persönlich
nicht gemocht hätte.

Rache ist süß, und Christen sollten mehr diabeten.

Gute Tipps. Humanisten halten die Zehn Gebote nicht,
weil die von Gott kommen.

+++

Weitere Aphorismenbände des Autors

„Der Mensch ist, was er verg-isst / *Kosmostheorie gegen Gemeinschaftspraxis*", 2007

"Philosophische Formelsammlung – *Ambivalente Gedankenexperimente und nachsokratische Fragmente*", 2012

„Aphorismen zur Zeitaltersweisheit – *Kopfverdreher, Kopfzerbrecher*", 2014

„Quanten, Quarks und Strings im Kopf – *Eintausend neue Aphorismen*", 2015

„Zwergrätsel, Satiren und Zwickmühlen – *Auswahl von Aphorismen*", 2017